现金股利、大股东资金占用与企业业绩的关系研究

——基于定向增发视角

陈冉 ◉ 著

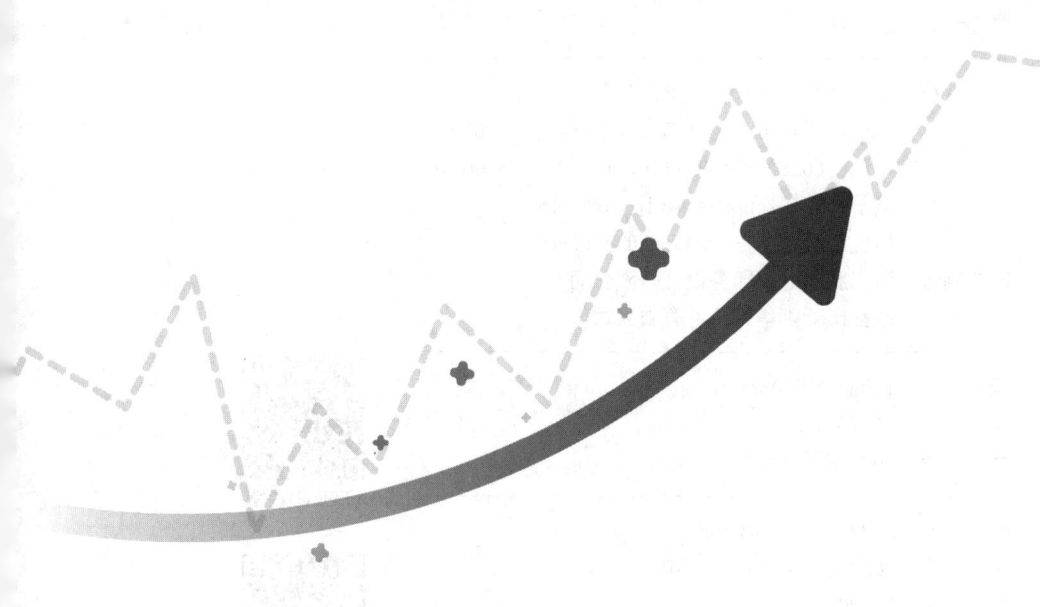

四川大学出版社
SICHUAN UNIVERSITY PRESS

图书在版编目（CIP）数据

现金股利、大股东资金占用与企业业绩的关系研究：基于定向增发视角 / 陈冉著. — 成都：四川大学出版社，2023.2
ISBN 978-7-5690-5845-1

Ⅰ. ①现… Ⅱ. ①陈… Ⅲ. ①上市公司－股利政策－关系－企业绩效－研究②上市公司－融资－关系－企业绩效－研究 Ⅳ. ①F279.246 ②F279.23

中国版本图书馆CIP数据核字（2022）第238710号

书　　　名：	现金股利、大股东资金占用与企业业绩的关系研究——基于定向增发视角
	Xianjin Guli、Dagudong Zijin Zhanyong yu Qiye Yeji de Guanxi Yanjiu—Jiyu Dingxiang Zengfa Shijiao
著　　　者：	陈　冉
选题策划：	梁　平
责任编辑：	梁　平
责任校对：	傅　奕
装帧设计：	璞信文化
责任印制：	王　炜
出版发行：	四川大学出版社有限责任公司
	地址：成都市一环路南一段24号（610065）
	电话：（028）85408311（发行部）、85400276（总编室）
	电子邮箱：scupress@vip.163.com
	网址：https://press.scu.edu.cn
印前制作：	四川胜翔数码印务设计有限公司
印刷装订：	成都市新都华兴印务有限公司
成品尺寸：	170 mm×240 mm
印　　张：	10.75
字　　数：	203千字
版　　次：	2023年3月 第1版
印　　次：	2023年3月 第1次印刷
定　　价：	58.00元

本社图书如有印装质量问题，请联系发行部调换

版权所有 ◆ 侵权必究

扫码查看数字版

四川大学出版社
微信公众号

前　言

作为财务管理研究三大核心问题中的两项，股利分配与融资决策决定着企业的利润分配与资金来源。股利分配政策是关于上市公司对当年净利润使用方向的选择问题——分配给投资者或者作为留存收益用于生产再投资，该政策的制定对公司经营发展起着至关重要的作用。现金股利政策一方面关系到企业的眼前利益与长远利益，另一方面还事关股东当前消费与积累之间的关系。科学的现金股利政策，既能够解决企业发展所需的资金问题，又能够增强企业在资本市场中的良好声誉，使其赢得市场各方参与者的青睐，实现股东价值最大化。而融资决策是企业根据自身发展的需要，从外部或者内部筹集资金。合理的融资决策是企业维持正常经营活动的前提，企业融资渠道的稳定性和多样性对企业的经营和发展具有重要作用。

近些年来随着我国经济迈入新常态，资本市场在支持实体经济中的作用越来越凸显。第十三届全国人大二次会议的政府工作报告强调要提高直接融资特别是股权融资比重。而定向增发作为上市公司股权再融资的重要方式之一，具备低门槛、审批快、灵活性高等优势，目前已超越配股和公开增发，成为我国上市公司股权再融资的最主要方式。然而，由于我国上市公司主动回报投资者的意识不强以及投资者保护较弱等，上市公司多融资而少分红，由此在资本市场中长期形成了"重融资、轻回报"的现象，从而使投资者陷入了"高风险、低收益"的困境。众多学者研究发现股权再融资背后存在"SEO业绩之谜"现象，即上市公司在股权再融资后会出现业绩下滑现象，从而使投资者的财富遭受严重损失，于是导致有投资者将资本市场中的再融资行为称为"圈钱"。针对我国资本市场长期存在"重融资、轻回报"的现象，监管部门先后出台了一系列旨在鼓励和强化上市公司通过现金股利回报投资者的现金股利管制政策。然而，一部分学者在研究股权再融资与现金股利关系时，认为现金股利是股权再融资公司大股东实施"掏空"的手段，这种将现金股利异化为大股东的"掏空"手段，似乎又与现金股利"同股同利"的本质、我国资本市场"重融资、轻回报"的现象以及监管部门鼓励上市公司提高现金股利水平的政策相悖。鉴于此，本书立足于我国资本市场"一股独大"和"重融资、轻回报"的现实背景，对定向增发、现金股利、大股东资金占用与企业业绩之间的关系和作用机理进行了再讨论、再认识。

首先，本书探讨了定向增发与现金股利之间的关系。与现有部分学者的研究结论有所不同，本书发现我国部分上市公司在定向增发后并没有发放更多的现金股利。本书还进一步区分了在不同控制权、不同产权性质、不同现金股利水平下定向增发与现金股利关系的差异性。此外，本书还试图探讨定向增发后上市公司是否会引发过度分红的现象，以及是否遵循"定向增发—现金股利—企业业绩"的因果链，检验在定向增发中现金股利的发放是"掏空"行为还是信号传递。研究结果表明，在定向增发后上市公司过度分红的现象没有显著增加；在上市公司定向增发后普遍出现业绩下滑的现象中，现金股利具备正向调节效应，能传递盈利的信号。这证明了定向增发中的现金股利不是大股东的"掏空"行为，而是具备缓解代理冲突、传递盈利信号的积极作用。

其次，本书探讨了定向增发与大股东资金占用之间的关系（基于现金股利治理效应的视角），研究发现，定向增发后大股东的资金占用行为显著增加。本书还进一步区分了在不同内部控制水平、不同产权性质、不同现金股利水平下定向增发与大股东资金占用关系的差异性。此外，本书还试图探讨现金股利在定向增发与大股东资金占用之间的调节作用，以及在不同现金股利水平和行为下，这种调节作用的差异性。研究发现，现金股利可以显著抑制定向增发后大股东的资金占用行为，但现金股利的治理作用仅在正常现金股利水平和行为下有所体现。特别值得注意的是，相较于正常分红企业，过度分红的企业在定向增发后大股东的资金占用行为更为严重。

最后，基于现金股利在定向增发中的治理效应以及为了减少我国资本市场"重融资、轻回报"的问题，同时考虑到长期以来整体上我国企业现金股利发放的主动性意愿不强，仅从内部治理因素来促进企业提高现金股利回报略显单薄。因此，从外部监管治理的角度本书还探讨了现金股利管制政策对上市公司现金股利行为的影响，并进一步区分了定向增发公司与非定向增发公司。研究发现，半强制分红政策不能提高上市公司的现金股利意愿和现金股利水平，且在区分定向增发行为后，半强制分红政策的效果仍不明显。而强制分红政策则显著提高了上市公司的现金股利意愿和现金股利水平，但相较于未实施定向增发的公司，这种政策效应在实施了定向增发的公司中影响较弱。此外，通过拓展性研究还发现，强制分红政策的效应仅体现在处于成长期和衰退期的定向增发公司中，对处于成熟期的定向增发公司未能产生影响，因此强制分红政策亦存在"监管悖论"。

相较于已有研究，本书可能有以下几方面的创新之处：

第一，在以往的股权再融资研究中，部分学者认为现金股利是大股东的"掏空"行为。在研究时间上多聚焦于股权分置改革之前，在研究对象上多聚焦于配股和公开增发的公司，在研究方法上多注重股利的行为研究，而对于股利的后果研究欠缺。本书结合我国资本市场的现状，考察了全流通背景下定向增发企业的现金股利行为，并从"定向增发—现金股利—企业业绩"因果链的视角论证了现金股利在定向增发中是"掏空"行为还是"治理"手段。从研究结果来看，本书的结论与部分学者的研究结论迥异，从整体上看，在我国资本市场中大股东在定向增发后并没有通过现金股利来"掏空"上市公司；进一步研究还发现现金股利对定向增发与企业业绩之间的关系具有正向调节作用。研究成果有助于对定向增发中现金股利行为的再认识。

第二，以往大部分学者的研究主要集中在定向增发前的发行折价率、盈余管理和定向增发过程中的资产注入等方面，而对于定向增发后的大股东利益输送行为研究较少。本书基于我国资本市场的特殊制度背景研究了定向增发后大股东资金占用行为，从而拓展了定向增发问题的研究视角。此外，鲜有文献研究现金股利对定向增发中利益输送行为的识别和治理作用，本书将现金股利这一要素嵌入定向增发与大股东资金占用关系中，丰富了定向增发和股利代理的相关理论。

第三，以往关于股权再融资与现金股利的研究，多基于半强制分红政策的视角，并且未对上市公司不同的股权再融资方式进行区分。学者们似乎没有发现半强制分红政策仅仅对配股和公开增发的再融资活动有业绩和分红方面的政策要求，而对定向增发这种再融资活动没有政策约束，因此半强制分红政策无法从理论上解释定向增发企业的现金股利行为。本书在重构现金股利在定向增发中的角色后，基于定向增发中现金股利的治理作用，再立足于减少当前我国资本市场出现的"重融资、轻回报"的问题，基于外部监管治理视角，从半强制分红政策和强制分红政策两方面，对监管部门一系列分红管制政策对定向增发企业的现金股利行为的影响进行了研究。这既有助于我国监管部门完善分红管制政策，从而间接地提高定向增发企业的治理水平，也有助于改善目前我国资本市场融资与回报不匹配的状况，从而强化对中小投资者合法权益的保护，促进资本市场融资和回报功能良性互动,最终实现资本市场健康可持续发展。

从现实意义上看,本书研究不仅有利于我们正确认识定向增发、定向增发中代理问题与股利分配之间的关系,而且对减少当前资本市场存在的"重融资、轻回报"问题以及在再融资过程中完善、执行相关分红管制政策具有重要的启示意义。

目 录

第一章 概 论 (1)
第一节 研究背景 (1)
第二节 研究的问题 (3)
第三节 研究意义 (5)
第四节 研究思路、内容与方法 (6)
第五节 本书主要创新点 (8)

第二章 理论基础与文献综述 (10)
第一节 概念界定 (10)
第二节 理论基础 (12)
第三节 关于股权再融资后业绩下滑的研究 (17)
第四节 关于大股东资金占用的研究 (27)
第五节 股权再融资与现金股利的研究 (31)
第六节 文献总结 (35)

第三章 定向增发与现金股利："掏空"行为还是治理效应的实证检验 (37)
第一节 问题的提出 (37)
第二节 理论分析与研究假设 (40)
第三节 研究设计 (44)
第四节 实证分析 (48)
第五节 进一步分析 (60)
第六节 本章小结 (64)

第四章 定向增发与大股东资金占用：基于现金股利治理效应的视角 （66）
第一节 问题的提出 （66）
第二节 理论分析与研究假设 （69）
第三节 研究设计 （72）
第四节 实证分析 （77）
第五节 进一步分析 （89）
第六节 本章小结 （99）

第五章 股利管制政策、定向增发与现金股利 （101）
第一节 问题的提出 （101）
第二节 理论分析与研究假设 （104）
第三节 研究设计 （106）
第四节 实证分析 （111）
第五节 进一步分析 （122）
第六节 本章小结 （124）

第六章 研究结论、政策建议与研究展望 （127）
第一节 研究结论 （127）
第二节 政策建议 （129）
第三节 研究展望 （132）

参考文献 （134）

第一章 概 论

第一节 研究背景

定向增发,也称非公开发行,是指上市公司采用非公开发行方式向特定对象发行股票的行为。自 2006 年《上市公司发行管理办法》颁布以来,定向增发成了上市公司股权再融资的重要方式,开始登上资本市场的舞台。由于定向增发具备简单、便捷的优点,大量公司纷纷采用定向增发的方式实施再融资活动。虽然定向增发自 2006 年至今只有 10 多年的历史,但是定向增发已经逐渐取代了配股和公开增发,成为上市公司股权再融资的首选。据 Wind 统计,2006 年,进行定向增发募集资金的上市公司为 50 家,募集资金总额为 916 亿元。2016 年我国 A 股市场定向增发募集资金的上市公司家数为 587 家,募集资金总额突破 1.8 万亿元,占股权再融资市场份额的 85% 以上。10 年间,定向增发公司数量增加了 10 倍多,募集资金总额增加了 18 倍多。毫无疑问,随着资本市场支持实体经济力度的进一步加大,定向增发作为上市公司最主要的再融资方式之一,其融资功能将会进一步凸显。

在资本市场轰轰烈烈开展再融资活动的同时,投资者要求上市公司提高现金股利回报的呼声也越来越高。目前,我国资本市场出现了严重的融资与回报不匹配的现象。据 Wind 统计,1990—2019 年,A 股累计募集资金 126000 亿元,A 股累计发放现金股利 90000 亿元,A 股净融资额 36000 亿元,年均净融资 1200 亿元。其中,银行分红占比最高,银行累计募资 10000 亿元,累计分红 35000 亿元;其他公司累计募资 116000 亿元,累计分红 55000 亿元。在剔除银行后,A 股年均净融资 2033 亿元,资本市场形成了"重融资、轻回报"的现象。此外,众多学者研究发现,长期以来我国上市公司股权再融资后还出现了业绩下滑现象,投资者的财富面临损失,因此投资者习惯将资本市场的再融资行为称为"圈钱"。

近年来，越来越多的学者认识到大小股东之间的利益存在着巨大的差异。我国资本市场存在"一股独大"的股权结构现象。从理论上说，上市公司存在相对集中的股权，有利于缓解股东和经理层之间的代理问题。但现实中，大股东往往和经理层合谋侵占中小股东的利益，从而导致了更为严重的代理问题。如今，大股东与中小股东的利益冲突以及由此而引发的代理问题，已成为我国上市公司治理的首要难题。由于我国一些上市公司存在"一股独大"、内部控制不完善以及资本市场法律制度不健全等因素，定向增发往往全程充斥着大股东的意志，定向增发过程中大股东利益输送现象屡见不鲜。定向增发往往伴随着大量的现金流流入，会导致定向增发过程中产生更为严重的大股东代理问题。为此，国内学者对我国上市公司定向增发问题进行了深入的考察，目前研究主要聚焦在以下方面：①定向增发的财富效应问题（贾钢和李婉丽，2009；李善民等，2017）。②定向增发前的盈余管理问题（郑琦，2009；黄晓薇和文熠，2014）。③定向增发中的劣质资产注入（章卫东和李海川，2010）和资产高估注入问题（颜淑姬，2012；胡海峰和张训然，2012）。④大股东操纵上市公司定向增发折价率问题（章卫东和李德忠，2008；张鸣和郭思永，2009）。⑤定向增发中大股东市场择时问题（吴育辉等，2013；黄叶苨等，2017）。尽管这些研究都与定向增发中大股东代理问题有关，但仍然主要集中于定向增发前的大股东操纵行为，对定向增发后大股东的资金占用问题研究较少。目前我国定向增发仍然是核准制，定向增发审核时间较长，监管部门对于上市公司定向增发行为的监管也主要集中在审核阶段。因此，在实施定向增发时，上市公司会尽可能地一次性募集足够多的资金，以避免后续定向增发实施的不确定性。这往往会导致企业出现过度募资的现象，使企业短期内产生大量的现金流，且企业在短期内又难以消化，从而导致企业账面上长期存在大量的现金资产。这显然会加大企业所面临的代理冲突，增加大股东通过资金占用来侵害上市公司和中小股东利益的动机。

一方面是资本市场融资与回报的严重不匹配，"重融资、轻回报"的现象长期存在；另一方面是股权再融资过程中大股东侵占中小股东利益的行为时有发生。定向增发的初衷是通过给有融资需求的企业提供所需资金，来达到改善资产质量、提高企业业绩的目的，最终更好地回报投资者。因此，需要我们反思的是，我们现存的定向增发制度出现了什么问题？如何才能够纠正这一状况？这是摆在监管部门面前最紧迫的问题，更是学术界需要研究、思考和讨论的问题。

一般认为，股权再融资中的代理问题是股权再融资企业会计和市场业绩下滑的根本原因。而股利代理理论认为，现金股利有助于降低企业的代理成本。随着我国资本市场的快速发展，资本市场的融资规模也将越来越大，如果一味地强调融资而忽视分红，势必会导致资本市场融资与回报不匹配的现象越演越烈，最终也必将损害资本市场的资源配置能力。为了减少资本市场"重融资、轻回报"的问题，我国监管部门越来越强调现金股利在保护投资者利益中的重要作用，出台了一系列将再融资资格与股利分配水平相挂钩的政策，这一系列政策被学术界称为"半强制分红政策"（李常青等，2010）。2019年5月11日，证监会主席易会满在中国上市公司协会2019年年会暨第二届理事会第七次会议上发表了讲话。他强调证监会高度重视上市公司分红的相关问题，并表示上市公司和投资者是资本市场的共生共荣体，只有懂得尊重和回报投资者的上市公司，才会赢得市场的认同和尊重。有的上市公司具备分红条件但常年不分红，影响十分恶劣，希望上市公司持续优化投资者回报机制。这些都表明，资本市场融资行为不能脱离回报，股权再融资与现金股利的关系不仅是学术界重点关注的领域，也是实践中倍受重视的问题。那么定向增发后企业现金股利行为如何？是"掏空"行为还是治理手段？定向增发后大股东侵占行为是否显著增加？定向增发也存在"SEO[①]业绩之谜"吗？大股东侵占行为在其中扮演什么角色？现金股利能否有助于减少定向增发企业的大股东侵占行为，从而间接地提升定向增发企业业绩？如何从外部制度层面去减少资本市场"重融资、轻回报"的现象？要科学回答这一系列问题，需要结合我国资本市场特殊制度背景，对定向增发进行深入思考。

第二节 研究的问题

本书主要试图研究以下几个方面的问题：

第一，就目前国内外学者相关领域的研究来看，股利代理理论是研究公司治理的一个重要理论。国外大部分学者的研究结果表明，现金股利能够缓解企业的代理冲突，并且具备信号效应。但国内关于定向增发企业研究的大部分文献却根据"定向增发后上市公司现金股利增加"推断现金股利是定向增发中大股东的"掏空"行为，并没有探讨这种现金股利的"掏空"行为是否会导致定

---

① SEO 即 Secondary Equity Offering。

向增发企业业绩下滑。如果定向增发企业的现金股利水平越高，会计业绩越好，此时仍然将现金股利推断为定向增发中大股东的"掏空"行为，显然不妥。为了弥补这方面研究的不足，本书在研究定向增发与现金股利关系的同时，还进一步探讨了定向增发中现金股利对企业业绩的影响，以求证现金股利在定向增发中是"掏空"行为还是治理手段。具体而言，我们主要回答如下问题：①定向增发后企业的现金股利是增加了还是减少了？在不同异质性的企业中定向增发与现金股利的关系是否有较大差异？②大部分学者对过度分红的研究较为一致，即过度分红不利于企业的可持续发展，那么定向增发后企业的过度分红行为是否增加了？定向增发中大股东是否会实施超能力派现行为？③具体到定向增发企业现金股利的后果方面，如果现金股利存在负向调节定向增发与企业会计业绩关系的作用，则定向增发企业的现金股利行为可能具备"掏空"效应；如果存在正向调节定向增发与企业会计业绩关系的作用，则说明现金股利传递了内部积极信号并且具备治理作用。

第二，从理论上来看，股权过于集中容易增加大股东与中小股东之间的代理问题。由于我国资本市场长期存在"一股独大"的现象，加上违法成本过低，大股东有能力、有动力实施对中小股东的侵占行为。而定向增发过程中这种代理冲突，由于企业现金流的增加可能会表现得更为突出。因此，我们主要回答如下问题：①定向增发后大股东的资金占用行为是否会显著增加？在不同异质性的企业中定向增发与大股东资金占用的关系是否有较大差异？②现金股利在定向增发后大股东资金占用问题中，扮演着"助推"还是"抑制"的角色？这种关系在不同现金股利水平和行为上是否存在显著差异？

第三，在众多股利理论中，股利的代理理论最具普遍性，成为最主流的理论之一。在学术界，尽管学者们的研究结论不尽相同，但是大多数学者都认为作为收益共享的现金股利具备缓解公司代理冲突的作用，能大体反映公司对股东的回报程度。那么监管部门出台的一系列鼓励现金股利的管制政策能否有效地减少我国资本市场"重融资、轻回报"的问题？此外，鉴于现金股利在定向增发中的治理作用，从外部监管治理的角度来督促定向增发企业适当地提高分红水平，也有利于抑制定向增发过程中的大股东代理问题。因此，有必要对于监管部门的一系列分红管制政策对定向增发企业的现金股利行为的影响进行深入探讨。具体而言，我们主要回答如下问题：①半强制分红政策是否显著提升了上市公司的分红意愿和分红水平？其对于定向增发企业现金股利的影响与非定向增发企业之间是否有不同？②强制分红政策是否显著提升了上市公司的分红意愿和分红水平？其对于定向增发企业现金股利的影响与非定向增发企业之间是否有不同？③强制分红政策对处于不同生命周期的定向增发企业的现金股利的影响是否具有差异性？

第三节　研究意义

一、理论意义

目前学术界对于定向增发与现金股利关系的研究多集中于大股东"掏空"行为。国内一部分学者根据优序融资理论认为，定向增发企业不应该发放现金股利，仿佛有再融资需求的企业发放现金股利就是大股东"掏空"行为。而国外大多数学者的研究认为，现金股利能够缓解代理冲突，是保护中小投资者利益的行为。此外，国内学者这种将定向增发中现金股利发放行为直接认定为大股东"掏空"行为的理论，似乎与现金股利的"同股同利"本质、我国资本市场"重融资、轻回报"的现象以及监管部门鼓励上市公司积极通过现金股利的方式回报投资者的政策相悖。究其原因，是因为这些研究并没有沿着"定向增发—现金股利—企业业绩"的逻辑链来进行研究，而仅仅根据定向增发后现金股利增加的关系就直接认定是大股东"掏空"行为，而本书研究可弥补这一不足。因此，研究定向增发与现金股利的关系，厘清定向增发中现金股利是大股东"掏空"行为还是治理手段，具有十分重要的理论意义。

本书基于大股东代理问题而从大股东资金占用的角度，解释了定向增发后企业业绩下滑现象。前期学者的研究多数集中于定向增发前的发行环节，如盈余管理、择时理论等，鲜有学者研究定向增发后大股东资金占用问题。由于我国资本市场存在"一股独大"、对于中小投资者保护较弱等因素，相较于未实施定向增发的企业，实施定向增发的企业的大股东代理冲突往往更为严重。因而从大股东资金占用的角度去解释定向增发企业的业绩下滑现象，既更加切合我国资本市场特殊的制度背景，又可丰富定向增发领域的研究成果。

本书成功将"现金股利""大股东资金占用"嵌入定向增发企业的业绩下滑现象研究中，从大股东资金占用的角度，解释了定向增发企业业绩下滑现象；从现金股利的视角，阐释了定向增发中现金股利的治理作用。这一研究将大股东利益输送理论与股利代理理论的相关研究进行了有机的结合，更加全面细致地阐释了定向增发企业业绩下滑的"黑箱"和治理机制，拓展了定向增发相关研究领域的深度和广度。

二、现实意义

本书研究的成果有助于促进我国监管部门进一步建立资本市场融资和回报功能的良性互动体系，健全资本市场的监督机制，起到约束大股东利益输送行为的效果，达到重建投资者信心和吸引资本回流的目的。此外，现金股利在定向增发中的治理效应也为监管部门进一步完善现金股利管制政策提供了新的证据，必将有助于减少我国资本市场长期存在的"重融资、轻回报"的现象，亦有助于扭转股权再融资在广大投资者心目中的形象。

本书研究的成果还有助于中小投资者进一步了解定向增发企业业绩下滑现象，从而引导中小投资者关注大股东的资金占用问题。厘清现金股利、大股东资金占用在定向增发中所扮演的角色，有助于中小投资者提前识别定向增发中大股东的侵占行为，比如：大股东的侵占行为在过度分红的企业更为严重；定向增发后企业维持稳定、适度增加的现金股利，往往预示着企业业绩的上升等。这种识别信号对于帮助中小投资者缓解定向增发过程中存在的信息不对称问题以及有效地识别定向增发中存在的风险具有重要的现实意义。

第四节 研究思路、内容与方法

一、研究思路

本书通过对现实背景、理论背景的分析，确定研究主题和思路。结合理论基础和文献梳理进行研究问题的理论推演和逻辑分析，提出有关研究假设，再进行实证检验，并对实证结果进行必要的分析与解释，最后得出结论，并有针对性地提出政策建议。

二、研究内容

本书共分为六个部分。

第一部分是概论。主要阐述了本书的研究背景、研究问题、研究意义、研究思路、研究内容和研究方法以及主要创新点等。

第二部分是理论基础和文献综述。鉴于本书的研究跨越了几个相对独立的研究领域，从股权再融资中业绩下滑现象、大股东资金占用、股权再融资与现金股利三个方面，梳理了国内外有关研究文献，并在此基础上进行了必要的文献评述。

第三部分为定向增发与现金股利:"掏空"行为还是治理效应的实证检验。立足于理论分析提出研究假设,再根据研究假设进行研究设计、构建研究模型,并运用我国资本市场定向增发企业的经验数据进行验证。

第四部分为定向增发与大股东资金占用:基于现金股利治理效应的视角。

第五部分为股利管制政策、定向增发与现金股利。

第六部分为研究结论、政策建议与研究展望。本部分归纳和总结了本书的主要研究发现,给出相应的研究结论、政策建议以及未来的研究展望。

三、研究方法

本书的研究不仅涉及理论问题,还涉及一系列的实践问题。因此,我们主要采用规范研究与实证检验相结合的方法。在对已有研究成果进行梳理的基础上,规范研究主要用于建立理论框架体系和分析研究对象的关系,实证研究则为理论推导提供经验证据。具体研究方法如下:

(一) 规范研究

规范研究,主要是通过查阅大量国内外相关的文献资料,并对文献资料进行分析整理和重新归类,从而对所研究的课题相关的历史和现状形成较为全面和系统的认识。本书的第二部分首先对股权再融资、大股东和利益输送等概念进行了界定。其次,对本书研究中可能会涉及的理论基础进行了阐述,主要包括委托代理理论、控制权收益理论、信息不对称理论以及现金股利理论。最后,详细梳理了股权再融资、代理问题、现金股利等领域的相关文献,主要包括关于股权再融资的研究、关于大股东资金占用的研究、关于股权再融资与现金股利的研究,全面、系统地分析定向增发、现金股利、大股东资金占用三者之间的关系。

(二) 实证研究

本书研究定向增发与现金股利、定向增发与大股东资金占用之间关系时,主要采用描述性统计、均值及中位数检验、双重差分法(DID)、倾向得分匹配(propensity score matching,PSM)法、多元线性回归等方法;在研究股利管制政策、定向增发与现金股利时,主要采用描述性统计、多元线性回归等方法。实证研究采用的软件主要为 Stata 13.1,实证研究采用的数据主要来源于 Wind 数据库及国泰安数据库。

第五节　本书主要创新点

在以往的股权再融资研究中，部分学者认为现金股利是大股东的"掏空"行为，在研究时间上多聚焦于股权分置改革之前，在研究对象上多聚焦于配股和公开增发的企业，在研究方法上多注重股利的行为研究，而对于股利的后果研究欠缺。在理论界，国内外大部分学者认同现金股利的治理作用。然而在定向增发研究中，部分学者认为定向增发企业的现金股利行为是大股东进行利益输送的方式，仿佛在一般企业中现金股利是回报投资者和缓解代理问题的手段，而在定向增发中则异化成了大股东的"掏空"行为。本书结合我国资本市场的现状，考察了全流通背景下定向增发企业的现金股利行为，并基于"定向增发—现金股利—企业业绩"的因果链视角，论证了现金股利在定向增发中是"掏空"行为还是"治理"手段。从研究结果来看，本书的结论与大部分学者的研究结论迥异，从整体上看，在我国资本市场中大股东在定向增发后并没有通过现金股利来"掏空"上市公司；进一步研究还发现在定向增发与企业业绩之间的关系中现金股利具备正向调节作用，研究成果有助于对定向增发中现金股利行为的再认识。

目前大部分学者的研究主要集中在定向增发前的发行折价率、盈余管理和定向增发过程中的资产注入等方面，而对于定向增发后的大股东利益输送行为研究较少。本书基于我国资本市场长期存在的"一股独大"的股权背景，结合我国资本市场的制度背景，从内部控制水平、产权性质、现金股利水平和大股东参与定向增发认购等方面研究了定向增发后大股东资金占用行为，从而拓展了定向增发问题的研究视角。此外，鲜有文献研究现金股利对定向增发中利益输送行为的识别和治理作用，本书将现金股利这一要素嵌入定向增发与大股东资金占用关系中，丰富了定向增发和股利代理相关理论。

之前关于股权再融资与现金股利的研究多基于半强制分红政策的视角，并且未对上市公司不同的股权再融资方式进行区分。学者们似乎没有发现半强制分红政策仅仅对配股和公开增发的再融资活动有业绩和分红方面的政策要求，而对定向增发这种再融资活动没有政策约束，因此半强制分红政策无法从理论上解释定向增发企业的现金股利行为。本书在重构现金股利在定向增发中的角色后，基于定向增发中现金股利的治理作用，再立足于减少当前我国资本市场出现的"重融资、轻回报"的问题，基于外部监管治理视角，从半强制分红政策和强制分红政策两方面，对监管部门一系列分红管制政策对定向增发企业的现金股利行为的影响进行了研究。这既有助于我国监管部门完善分红管制政策，从而间接地提高定向增发企业的治理水平，也有助于改善目前我国资本市场融资与回报不匹配的状况，从而强化对中小投资者合法权益的保护，促进资本市场融资和回报功能良性互动，最终实现资本市场健康可持续发展。

第二章 理论基础与文献综述

第一节 概念界定

一、股权再融资

上市公司股权再融资的方式主要包括公开增发（seasoned equity offerings）、配股（rights offerings）和定向增发（private equity placements）。如未特指，本书股权再融资主要是指上市公司公开增发、配股和定向增发。

定向增发也被称为非公开发行，是指上市公司采用非公开发行方式向特定对象发行股票的行为。定向增发与配股和公开增发相比，具有审核程序简单、发行成本低、信息披露要求低、发行人资格低等特点。表2-1是上市公司不同股权再融资发行比较要求。

表2-1 不同股权再融资发行要求比较

股权再融资	定向增发①	配股	公开增发
发行对象	不超过35名	原股东	原股东和新投资者
认购方式	现金、资产、债权等	现金	现金
盈利要求	没有规定	最近三年盈利	最近三个会计年度加权平均净资产收益率平均不低于6%

---

① 基于2020年2月14日证监会颁布的第11号公告《关于修改〈上市公司非公开发行股票实施细则〉的决定》。

续表

股权再融资	定向增发	配股	公开增发
利润分配要求	没有规定	最近三年以现金方式累计分配的利润不少于最近三年实现的年均可分配利润的30%	最近三年以现金方式累计分配的利润不少于最近三年实现的年均可分配利润的30%
发行规模	发行上限为股本30%	不超过原股本30%	募集资金量不得超过公司上年度未经审计的净资产值
定价方法	定价基准日为本次非公开发行股票发行期的首日,发行定价不得低于定价基准日前20个交易日股票交易均价的80%	二级市场市价发行,结合公司的资金需求由上市公司和承销商决定	不低于公告招股意向书前二十个交易日公司股票均价或前一交易日的均价
发行后盈利或支付利息率的要求	没有规定	不低于银行同期存款利率	发行完成当年加权平均净资产收益率不低于6%,或不低于前一年的水平
股份锁定要求	控股股东、实际控制人或关联人、通过认购取得实际控制权的投资者、境内外战略投资者为十八个月,其他为六个月	没有规定	没有规定

注:资料系作者依据相关政策文件整理。

二、大股东

从概念内涵上看,大股东是指持股比例比较大的股东,通常指持股比例排名第一的股东。控股股东是指股票持股比例达到一定程度,能够影响公司日常经营和重大决策的股东。一般而言,控股股东一定是大股东,但大股东不一定是控股股东。尽管二者的概念内涵存在差异,但由于本书研究大股东平均持股比例高达36%,对上市公司有较强的控制力,因此本书所指大股东也即控股股东,二者不做区分,均指持有公司股份达到一定比例,通过持股表决权能够派遣多数董事会席位从而掌握控制权的股东。

11

三、利益输送

利益输送（Tunneling）最早由 JLLS[①] 在 2000 年提出，原意是指大股东通过隐秘的手段转移上市公司资产的行为，JLLS 将利益输送进一步解释为企业的控制者从企业转移资产和利润到自己手中的各种合法或非法的行为，这种行为通常会对企业和中小股东的利益造成严重侵犯。国内学者对其翻译与界定并不统一，一种将其翻译为隧道行为或隧道效应，另一种翻译为利益输送、侵占行为、"掏空"行为。本书将隧道行为、隧道效应、利益输送、侵占行为和"掏空"行为视为同一概念，将利益输送定义为大股东通过控制权优势，以获取与股权比例不匹配的超额收益为目的，通过较为隐秘的非公平行为，造成上市公司和中小股东利益受损的自利行为。利益输送具备以下特点：

（1）利益输送是一种较为隐秘的利益转移行为，具体表现为无偿占用上市公司资金、违规债务担保、非公平关联交易、侵占公司投资机会等。

（2）利益输送的主体是大股东。大股东的控制权和信息端的优势是利益输送的前提条件。

（3）利益输送一般将上市公司资产和利润转移出去，结果会造成上市公司业绩下滑和中小股东利益受损。

第二节　理论基础

一、委托代理理论

委托代理理论（the principal-agent theory）最初是由 Berle 和 Means 在 20 世纪 30 年代提出的。他们在对美国 200 多家大型企业的股权结构进行调查后，发现这些企业的股权较为分散，并据此认为这是现代公司股权结构分布情况的基本特征。同时，他们还认为所有权与经营权的统一会给公司带来不利影响，提倡所有者放弃经营权，保留剩余索取权。20 世纪 70 年代，Ross 认为委托代理问题主要是在委托人与代理人之间存在信息不对称以及利益冲突的情况下，如何有效地监督和激励代理人作出符合委托人利益的行为。至此具备现代意义的委托代理理论初步形成。前期大部分学者主要从理性人假设的角度出发

[①] Simon Johnson，Rafael La Porta，Florencio Lopez-de-Silanes，Andrei Shleifer 的简称。

研究管理层和股东之间的委托代理问题：股东和管理层之间存在着利益冲突，股东追求公司价值最大化，以此来实现股东财富最大化；而企业管理层注重自身利益最大化。在制度不完善的情况下，管理层往往会为了自身利益而损害股东的利益，学者们习惯将股东与管理层之间的代理问题称为第一类委托代理问题。其后 Jensen 和 Meckling（1976）对委托代理问题进行进一步解释：在所有权和经营权分离的情况下，经理人承担的风险与其获得的收益常常并不匹配。如果股东和经理人之间存在信息不对称的情况，那么经理人往往会抛弃股东的利益转而追求自身利益最大化，这就形成了以经营权和所有权分离为特征的现代企业制度下的委托代理问题。Jensen（1986）引入了企业自由现金流的基本概念，认为缓解委托代理问题的关键在于减少企业的自由现金流。Shleifer 和 Vishny（1997）从理论上解释了大股东能够缓解由股权分散造成的"搭便车"问题，大股东会主动监督管理层的经营管理决策。由此，在研究第一类委托代理问题时，学者们认为股权分散会导致股东间出现严重的"搭便车"问题（Berle 和 Means，1932），而大股东的存在可以有效解决股东间的"搭便车"问题，从而有利于监督管理层的自利行为，缓解第一类委托代理问题（Shleifer 和 Vishny，1986），避免管理层经济设防（Claessens et al.，2002），因此大股东的存在可以有效地保护投资者的利益（La Porta et al.，1998）。

到了20世纪90年代，众多学者研究发现，全球范围内只有英美等少数几个国家的公司股权较为分散，在英美等少数国家中公司代理问题主要表现为股东与管理层之间的代理问题。然而，世界上更多国家的公司股权往往较为集中，股权集中才是公司治理结构的主导形态。Claessens et al.（1999）研究发现，新兴国家中往往股权结构较为集中，大股东会干预甚至控制公司的日常经营和重大决策，获取控制权私利，造成中小股东利益受损。Faccio 和 Lang（2002）也发现了类似情况。他们发现在西欧国家中，大多数国家股权都相对较为集中。在股权集中的市场中，中小股东由于股权比例较低且过于分散，既没有动力也没有能力对抗大股东，由此诞生了第二类委托代理问题。Shleifer 和 Vishny（1997）认为当股权高度集中时，控股股东有强烈的动机利用手中的控股权控制上市公司经营决策，侵占其他投资者的利益。随着委托代理理论的发展，管理层和股东代理问题研究的地位逐步降低，而大股东与中小股东的利益冲突问题就成了公司治理的焦点。我国资本市场具备"新兴加转轨"的特征，股权集中度高，且长期存在"一股独大"现象，因此代理问题主要表现为大小股东之间的代理问题。此外，由于我国资本市场发展时间较短，还存在法律制度不够完善、中小投资者保护程度较弱和公司内部治理水平较低等因素，多数学者的研究均发现我国存在着大股东侵害中小股东利益的行为（唐宗明和蒋位，2002；刘峰和贺建刚，2004；李增泉等，2004；朱红军等，2008）。也有学者发现，上市公司定向增发过程中也存在着严重的大股东侵占中小股东利益的行为，具体表现为：①在定向增发前进行盈余管理（Aharony et al.，1993；Chen et al.，2010；He et al.，2010；王茂超和干胜道，2009；田昆儒和王晓亮，2014）；②在定向增发中注入劣质资产（彭忠波，2007；颜淑姬，2012；郑艳秋等，2015）；③操纵定向增发定价来获取控制权私利（Baek et al.，2006；Xu和Wang，2013；Wang和Xu，2014；彭韶兵和赵根，2009；王秀丽和马文颖，2011）；④对定向增发募集资金进行侵占、转移（吴辉，2009；赵玉芳等，2012）；⑤在定向增发后进行非效率投资（王秉阳，2017；张征超和史光辉，2017）等。根据自由现金流理论，上市公司通过定向增发获得了大量现金流，可能会导致大小股东代理冲突进一步恶化。综上所述，定向增发具备融资和投资功能，在定向增发全过程中，大股东有足够的能力和机会实施利益输送行为，从而损害上市公司和中小股东的利益，导致严重的委托代理问题。因此，在研究定向增发相关问题方面，委托代理理论具备很强的解释力度。

二、控制权收益理论

20世纪70年代，学者Jensen（1976）在研究中发现，企业的控制者一方面可以从企业获取货币收益；另一方面还可以获取除货币收益外的，以在职消费、社会名誉等为主要表现形式的非货币收益。之后Grossman和Hart（1988）提出了控制权收益概念，也有学者称之为控制权私利。控制权收益是指由公司实际控制人或者大股东享有的私人利益。在此基础上，学者们将大股东的收益权分为公共收益和私有收益。公共收益是指大股东从公司经营中能获取的投资回报，这种回报是按照股权比例分配的，具备"同股同权同利"的性质，比如现金股利以及公司股价提升带来的收益。控制权私利是指大股东独享的收益，控制权私利的存在违背了"同股同权同利"的原则。我国《公司法》第一百二十六条规定：同种类的每一股份应当具有同等权利，即"同股同权同利"。控制权私利是大股东侵害上市公司和中小股东利益的重要方式，比如定向增发中大股东会采取注入劣势资产、侵占上市公司募集资金、通过盈余管理操纵折价率等手段，来侵害上市公司和中小股东利益，其本质上也就是"掏空"行为。Johnson et al.（2000）认为股权过于集中很容易导致大股东与中小股东的冲突。Holderness（2003）研究表明，大股东往往会利用手中的控制权转移公司资产实施"掏空"行为。Dyck 和 Zingales（2004）认为控制权收益是由控制性股东独享的收益，其他股东无法分享。王鹏和周黎安（2006）研究发现，由于我国股权结构普遍呈现金字塔式，控股股东主要呈现出侵占效应。Ruan et al.（2018）研究发现在定向增发中，大股东会通过更高的定向增发折价率来实现自身利益，且随着大股东比例的增加，折价率显著提高。此外，终极控股股东的自我交易动机也显著影响定向增发中的折价率（Jia et al., 2019）。由此可见，控制权收益与第二类代理问题紧密关联。由于我国资本市场中普遍存在"一股独大"现象，大股东通过利益输送寻求控制权收益的行为不少，而中小股东权利意识淡薄、资本市场法制不够健全等，更是加剧了大股东通过利益输送追逐控制权收益的动机，从而严重侵害上市公司和中小股东的利益。

三、信息不对称理论

信息不对称（Information Asymmetry）是指在市场经济活动中的不同个体，由于所处的环境、信息渠道及自身能力差异，对于同一信息的了解及掌握并非完全一致，于是出现了信息优势端和信息劣势端的区别，即信息双方或多方处于一种对信息的把握程度并不完全对称的状态。

传统经济学家通常假设市场中每个参与者获得的信息都是完全的，不存在信息不对称现象。然而现实情况往往与假设相冲突，由于每个市场参与者获取信息的能力不同，市场中通常存在信息不对称的现象。于是信息不对称这一客观现象为现代经济学家提供了研究方向，成为众多研究课题的必然前提假设，亦推动了由信息不对称而引起的利益冲突问题的相关研究。由于大部分中小投资者无法获取完全信息，处于信息劣势，因此大股东会利用这种信息不对称优势，采用多种方式来损害中小投资者的收益。比如在上市公司中，控股股东是公司的实际掌控者，中小投资者不能了解到企业经营的全部信息，所以具备控制权的大股东就有可能通过各种隐秘的行为来侵占企业的资金，从而使企业和投资者利益受损。具体到定向增发中，大股东在市场时机选择、定向增发前盈余管理、资产注入、关联交易和资金占用等方面，均可能利用信息不对称优势实施损害上市公司和中小投资者利益的行为。因此，信息不对称为大股东获取控制权私人收益创造了便利条件。

缓解信息不对称造成的代理问题有两种方法，即信息传递和信息甄别。信息传递是指信息优势一方通过一定的方式向信息劣势一方传递信息，从而减少信息不对称问题。信息甄别（Rothschild 和 Stiglitz，1976）是指处于信息劣势的一方通过先采取行动来获取和分析信息优势一方的信息，削弱信息不对称对自身的影响。例如，在定向增发中大股东可以选择通过发放更多的现金股利，来传递企业定向增发后业绩良好以及不存在大股东侵占中小股东行为的信号；或者中小投资者可以通过定向增发中大股东是否参与认购以及公司财务报表中涉及大股东资金占用的科目的数据，来识别定向增发中大股东的利益输送情况。

四、股利理论

股利理论始于 1956 年，经过几十年的发展，股利理论已经形成了众多分支理论。然而，直到今天学术界对于上市公司是否应该发放现金股利以及发放多少仍然没有达成共识。与本书联系较为紧密的现金股利理论，主要包括信号传递理论、股利代理理论、股利侵占理论和半强制分红理论。

纵览现金股利理论的研究历史，早期的学者认为由于资本利得具备不确定性，因此投资者往往偏好更为稳定和直接的现金股利，并且愿意为发放现金股利的公司支付更高价格，这形成了"一鸟在手"理论（A Bird in the Hand Theory）（Lintner，1956；Gordon，1959）。随后，Miller 和 Modigliani（1961）基于一系列完美假设的情况提出了公司价值与股利政策无关的结论，学者们称之为股利无关论（MM 理论）。而后一部分学者在放宽 MM 理论假设的情况下，提出了税差理论（Farrar 和 Selwyn，1967）和追随者理论（Elton 和 Gruber，1970）。其中，税差理论认为公司应该根据资本利得税和股利税率的差值决定是否分红，当股利税率较高时，应该减少现金股利分红；追随者理论认为，由于不同的投资者具有不同的纳税等级，公司应该根据投资者由纳税差异导致的股利偏好来适时调整股利政策。

随着委托代理理论的发展，关于公司治理的研究成为主流，一部分学者从委托代理理论的角度研究现金股利政策。其中较为典型的现金股利理论是信号传递理论和股利代理理论。Bhattacharya（1979）认为公司管理层和股东之间存在信息不对称问题，现金股利能够传递公司未来发展前景信息，减少信息不对称问题，引导资本合理配置。Nissim 和 Ziv（2001）验证了信息传递理论，研究发现现金股利的变化与公司未来两年的业绩变化紧密相关。关于信号理论是否在我国成立，国内学者研究结论不一。一部分学者认为信号理论在我国成立（陈晓等，1998；史金艳等，2019；罗琦等，2019；马鹏飞和董竹，2020），另一部分学者认为信号理论在我国不成立（阎大颖，2005；吕长江和许静静，

2010)。此外，基于委托代理理论，国外的大部分学者认为现金股利的发放通过减少企业的自由现金流，缓解自由现金流引发的代理问题，而且支付现金还能迫使公司因为需要通过资本市场融资而接受外部监督，从而减少对资金的不合理使用（Jensen 和 Meckling，1976；Easterbrook，1984；Jensen，1986）。He et al.（2017）通过对比全球 29 个国家的股利支付和盈余管理关系，发现现金股利可以减少盈余管理，缓解代理问题。国内大部分学者的研究结果在一定程度上也支持股利代理理论（杨熠和沈艺峰，2004；徐寿福和徐龙炳，2015）。

此外，与本书联系较为紧密的现金股利理论还包括股利侵占理论和半强制分红理论。我国关于股利侵占理论的研究在时间上大多基于股权分置改革以前，主要指大股东通过现金股利的发放而"掏空"上市公司的经营成果（唐宗明和蒋位，2002；冯根福，2004）。一般而言，大股东持股比率越大，现金股利发放就越多（阎大颖，2004；赵玉芳，2011）。然而关于侵占理论的研究大多集中于现金股利行为，在现金股利发放的后果方面研究不足。自 2001 年开始，我国证券监管部门推出了一系列将股权再融资资格和现金股利挂钩的政策，学者们根据这一系列政策形成了富有特色的半强制分红理论（李常青等，2010）。半强制分红理论认为，半强制分红政策提高了有融资需求企业的股利水平，对于提升"铁公鸡"公司和无融资需求的公司股利水平效果不佳。然而，半强制分红政策由于只针对配股和公开增发企业有明确的现金股利门槛要求，对定向增发（非公开增发）的企业则没有这种要求，因此在理论上无法解释定向增发企业的现金股利行为。综上所述，目前学术界关于股利理论的研究较为繁多，且各研究结论差异也较大，针对定向增发企业股利行为的理论解释更是欠缺。

第三节　关于股权再融资后业绩下滑的研究

一、关于股权再融资后业绩下滑现象的研究

（一）市场业绩

1. 国外研究

20 世纪 80 年代，国外有学者开始研究股权再融资后市场业绩变化。

Asquith 和 Mullins（1986）研究发现，美国上市公司在增发新股后股票价格显著下跌，工业类股票和公共事业类股票公告当日及前一日的累计超额收益率分别下跌 2.7% 和 0.9%。Masulis 和 Kowar（1986）也证实了上市公司在增发新股后的市场业绩下滑现象。Kalay 和 Shimrat（1987）、Korajczyk et al.（1991）、Brook 和 Patel（2000）的研究均发现了这一现象。随后 Loughran 和 Ritter（1995）在控制了公司规模、市值账面比和长期收益反转的基础上，发现公司股权再融资后，市场长期业绩仍然下滑。基于 Loughran 和 Ritter（1995）的研究方法，Spiess 和 Affleck-Graves（1995）对股权再融资的公司进行配对比较后发现，相较于没有股权再融资的企业，股权再融资的企业市场长期业绩亦显著降低。随后 Lee（1997）和 Jegadeesh（2000）以美国股权再融资上市公司为样本，发现这些公司在 3～5 年内市场业绩下滑。Gajewski 和 Ginglinger（2002）发现法国上市公司配股公告后两日内平均超额市场业绩为负。

对于公司定向增发后的市场业绩的变化情况，国外学者们未形成统一的认识。Wruck（1989）研究发现与公开发行、配股的财富损失效应相比，定向增发在主要公告期能给股东带来正的超额市场业绩。Kato 和 Schallheim（1993）对日本证券交易所 1987—1988 年间定向增发市场反应进行研究，发现日本市场定向增发也存在正面的市场业绩。随后 Moline（1996）、Slovin et al.（2000）、Eckbo 和 Norli（2005）的研究表明，在瑞典、英国和挪威市场中定向增发的市场业绩仍然为正。Deng et al.（2011）研究发现，在中国市场，定向增发存在正的财富效应，且这种财富效应与折价率正相关。Cheng et al.（2014）研究发现，具备长期机构投资者的公司在定向增发公告前后均获得了显著的正收益。Chen et al.（2019）指出，完成定向增发的公司比取消定向增发的公司有更好的长期市场表现。然而与上述结论不同的是，另有一些国外学者研究发现，定向增发并没有出现正面的市场业绩甚至市场业绩为负。Hertzel 和 Smith（1993）发现上市公司在使用定向增发进行股权再融资后三年长期超额市场业绩为负。Loughran 和 Ritter（1997）发现上市公司在定向增发后五年回报率总体较低。Chen et al.（2002）研究发现，在新加坡市场中并未出现显著的正面市场业绩。Anderson et al.（2006）在新西兰证券市场发现存在负的市场业绩，定向增发新股在公告日 30 个交易日内累计超额市场业绩为 -8.55%。Hamish et al.（2006）以新西兰证券市场 1990—2002 年 55 家实施定向增发企业为样本，发现如果折价发行则会出现负的回报率。Barclay et al.（2007）指出，如果定向增发面向消极投资者发行，则定向增发公司长期市场业绩为负。He 和 Cai（2009）对中国市场 41 家定向增发公司的市场业绩进行了长达 24 个月的分析，研究表明，由于股权融资偏好和金融非理性，定向增发公司的长期市场业绩呈现不断恶化的趋势。Nordin et al.（2017）的研究指出，在马来西亚市场里，市场对定向增发的公告不敏感。这与以往大多数研究结果不一致。Duli（2017）指出，投资者情绪与定向增发企业的长期市场绩效存在显著的负向关系，即在投资者情绪较好的时期进行定向增发，则定向增发后的长期市场绩效会出现下滑现象。Tao et al.（2018）利用 2007—2014 年中国定向增发上市公司为样本，研究发现发行公司股票的异常收益在公告日显著为负，在时间窗口期[－20, 20]也显著为负。此外，公司内部治理水平、市场折价、发行比例、关联交易等因素对定向增发的市场业绩产生正面的影响（Yeh et al., 2015; Adhikary et al., 2020）。Han et al.（2019）研究发现，在投资者出价差越大的定向增发中，公司的长期股票收益越低。且在控制市场折扣、盈余管理、分析师预测离差和自我选择偏差后，这种效应在统计上仍然是显著和稳健的。

2. 国内研究

国内学者针对股权再融资的研究，前期多是以配股和公开增发的企业为样本，研究背景多为股权分置改革以前。研究结论与国外较为一致，均发现公司在股权再融资后出现了市场业绩下滑现象。沈艺峰和田静（1999）、黄少安和张岗（2001）、阎达五等（2001）从理论上分析，认为无论是配股还是公开增发都属于上市公司的"圈钱"行为，容易出现股权再融资后的市场业绩下滑。朱云等（2007）认为基于配股和公开增发的股权再融资公司确实出现了市场业绩下滑现象，原因在于募集资金的滥用。张祥建和郭岚（2007）认为我国上市公司的配股行为处于大股东控制之下，大股东配股前的盈余管理导致上市公司股权再融资后价值下降。景舒婷等（2011）研究发现，我国上市公司在配股后普遍呈现长短期收益不佳的现象。邹斌等（2011）研究发现，我国上市公司公开增发新股后 1~3 年股东获得的长期超额收益率均为负。

定向增发由于相对于配股和公开发行具备"一简三低"[①] 的优势，自 2006 年 5 月《上市公司证券发行管理办法》颁布以来，迅速成为上市公司股权再融资的主要方式。因此，国内学者关于股权再融资的研究也转向了定向增发。魏立江和纳超洪（2008）研究发现，我国上市公司在定向增发后存在正的超额收

[①] 即审核程序简单、发行成本低、信息披露要求低、发行人资格要求低。

益率，同时还发现在公告日［－20，0］的窗口期存在显著为负的超额收益率，因此他们推断上市公司定向增发前存在股价操纵嫌疑。章卫东（2008）研究发现，在［－30，5］的窗口期内，定向增发、公开增发新股和配股三者公告的超额收益率分别为 14.34%、4.56%和－1.07%，因此定向增发的市场业绩要好于配股和公开增发。徐寿福（2010）发现在定向增发预案公告日前一周窗口期内，定向增发公司累计市场业绩超额回报率为 7.6%。邹斌等（2011）对比了公开增发和定向增发两种股权再融资方式的长期市场业绩，发现公开增发后1~3 年的长期市场超额收益率为负，定向增发后两年的长期市场超额收益率均为正。之后，邹斌等（2011）的研究结论得到了胡李鹏和张韵（2016）的验证。支持这一结论的国内学者还有章卫东和李海川（2010）、黄明康和胡吉祥（2011）、王浩和刘碧波（2011）、黄晓薇等（2011）、邓路等（2011）、杜勇和周小敬（2014）、李善民等（2017）、黄兴李（2017）等。然而，也有学者的研究结论与上述学者的研究结论恰恰相反。比如耿建新等（2011）发现在剔除市场调整、行业和规模差异后，定向增发公司长期市场业绩仍然是负的。他们认为主要原因在于定向增发后公司的经营业绩不理想造成长期市场业绩下滑。肖万（2012）研究发现，旨在强化大股东控制权的定向增发无法改善公司的长期绩效。李秉祥和简冠群（2017）研究发现，控股股东的股权质押会加剧定向增发后公司长期股价的弱势表现。支持这一结论的国内学者还有田昆儒和王晓亮（2014）、黄晓薇和文熠（2014）、方才等（2017）、吴璇等（2017）、周晓苏和王磊（2017）、张强和佘杰（2018）等。由此可见，与配股和公开增发的相关研究不同，关于定向增发后企业的市场业绩表现的研究结论并不一致。

（二）会计业绩

1. 国外研究

Healy 和 Palepu（1990）以 1966—1981 年美国上市公司为样本，研究发现股权再融资上市公司没有出现会计业绩下滑的现象。然而 Hansen 和 Crutchley（1990）在考察了 109 家股权再融资公司资产报酬率后，发现股权再融资公司再融资后资产报酬率显著下降。随后，越来越多的学者研究发现，股权再融资后企业出现会计业绩下降的现象。Loughran 和 Ritter（1997）以美国证券交易所 1979—1989 年有股权再融资行为的 1338 家公司为样本，发现股权再融资公司的长期会计业绩和市场业绩均出现下降现象。Mclaughin et al.（1998）研究发现，股权再融资公司信息不对称程度越大、市净率越大和规模越小，再融资后经营业绩下滑越严重。Marciukaityte et al.（2010）认为，股权再融资公司往往会在业绩较好的时候进行融资，在募集资金后存在将募集资金投入净现值小于 0 的项目的可能性，因此造成企业长期会计业绩下降。支持股权再融资后长期会计业绩下降的国外学者还有 Teoh et al.（1998）、Ho et al.（2005）、Andrikopoulos（2009）、Jeanneret（2009）等。

针对定向增发的研究，一些国外学者也发现了长期会计业绩下滑的现象。Hertzel et al.（2002）研究发现，相对于公开发行，非公开发行后的长期经营业绩表现更差。Chou et al.（2009）指出，高托宾 Q 的上市公司在定向增发后，公司会计业绩下滑。Chen（2010）认为盈余管理导致了定向增发后长期会计业绩下滑。也有部分国外学者研究发现定向增发后企业会计业绩改善的现象。Goh et al.（1999）指出股票分析师在定向增发后提高了公司的当年盈余预测，这表明定向增发传递了未来收益有利的信息。Friday et al.（2000）研究了 200 家信托公司统计数据后发现，这些公司在定向增发后会计业绩明显上升。Wruck 和 Wu（2007）研究发现，如果有新的投资者参与定向增发，那么定向增发后的财务业绩会提升。

2. 国内研究

国内大部分学者认为，企业在传统股权再融资（配股和公开增发）后，企业会计业绩会下滑（原红旗，2003；吴文锋等，2005；刘忠生，2009）。王乔和章卫东（2005）研究发现，我国上市公司一方面有强烈的股权再融资偏好，另一方面股权再融资后会计绩效会降低。陆正飞和魏涛（2006）以中国 1998—2001 年上市公司首次配股行为为研究对象，发现在首次配股后出现会计业绩下滑的现象，其原因在于在配股前存在盈余管理。李亮等（2008）以 1999—2004 年发生过股权再融资的 495 家上市公司为样本，在消除了行业、规模和时间等因素的干扰后，研究发现上市公司股权再融资当年及后 6 年内会计业绩显著下滑。王良成等（2010）认为公司配股后会计业绩和真实业绩[①]均显著下滑，盈余管理只能解释会计业绩下滑，无法解释真实业绩下滑，上市公司大股东的"掏空"行为是造成其配股后真实业绩下滑的根本原因。

针对定向增发的研究，国内学者的研究结果则出现了较大的差异。徐寿福和龚仰树（2011）研究发现，定向增发公司在增发前长期业绩呈现上升趋势，增发完成后出现下滑趋势，特别是在定向增发实施后一年内会计业绩下滑最显著。黄晓薇和文熠（2014）研究发现，面向大股东的定向增发的上市公司在增

---

① 真实业绩是指控制了操纵性应计利润后的企业业绩。

发后长期会计业绩显著恶化,说明大股东的私利导致了定向增发长期业绩下滑。牛晓健和邹亚骏(2018)研究发现定向增发后三年间,定向增发企业无论是净资产收益率(ROE)还是总资产收益率(ROA)都是下降的,进一步分析认为可能是股东的机会主义选择、过度投资以及机构投资者监督不足使得上市公司长期绩效变差。此外,支持定向增发后企业会计业绩下滑的学者还有李增福等(2012)、张萍和俞静(2015)、许肖肖等(2015)。也有一部分学者认为定向增发后企业会计业绩没有下滑。比如倪燕和毛小松(2012)研究表明,定向增发前后五年间增发公司的财务绩效均值无显著变化。张自巧(2019)以轴研科技整体上市为研究对象,发现通过定向增发实现整体上市后,公司关联交易显著降低,会计业绩平稳增长,支持利益协同理论。张博等(2019)认为,定向增发通过提升公司治理水平和降低经营风险的路径正向提升了定向增发公司长短期会计业绩。章卫东等(2020)研究发现,相较于非定向增发公司,定向增发公司引入机构投资者能显著提升公司绩效;在区分机构投资者性质后发现,正向效应仅体现在战略机构投资者和关联机构投资者上,而财务机构投资者对定向增发企业业绩的影响不显著。

综上所述,关于股权再融资后企业业绩研究的文献较多,目前进行配股和公开增发的股权再融资研究的大部分学者均发现,公司增发后出现市场业绩和会计业绩下滑的现象,这一现象被学术界称为"SEO业绩之谜"(Loughran和Ritter,1995)。而对于定向增发中是否存在"SEO业绩之谜",国内外学者的研究结论不一,因此定向增发后上市公司的会计业绩和市场业绩变化,仍有待于进一步探讨。

二、关于股权再融资后业绩下滑原因的研究

关于上市公司股权再融资后业绩下滑的原因,学者们从不同角度进行了研究,归纳起来主要形成以下几种理论解释。

(一)机会窗口理论

机会窗口理论(Windows of Opportunity)指出,上市公司为了获取更大的融资规模,往往会在公司股价高估时实施股权再融资。由于存在信息不对称,股权再融资完成后负面信息才会在市场中体现出来,投资者逐渐认识到公司的真实价值,最终导致增发后市场业绩开始下滑。机会窗口理论的提出基于市场无效论,在有效市场中股价充分反映了所有信息,也就不存在高估或者低估,从而不存在机会窗口期。Loughran和Ritter(1995,1997)研究发现,

上市公司在股权再融资前的市场业绩比市场平均高。他们指出，上市公司可能利用股价高估的窗口期进行融资。Lee（1997）、Kahle（2000）、Baker和Wurgler（2000，2002）、Henderson et al.（2006）的研究也证实了上市公司会在股价高估时进行再融资活动。Shu和Chiang（2014）以台湾股权再融资上市公司为样本，研究发现规模较小的公司在股权再融资后出现市场业绩下滑现象，这种现象主要是由机会窗口引起的。

国内部分学者的研究也发现，我国股权再融资也存在机会窗口。刘瑞等（2006）发现上市公司进行股权再融资决策时会依赖股票价格，存在择时行为。王正位等（2007）研究发现股权再融资中市场择时行为明显，具体表现为两个方面：①热发市场时，会有更多的公司申请再融资；②市场时机合适时，再融资成功的公司融资规模更大。也有学者将机会窗口理论与盈余管理理论相结合。罗琦和付世俊（2014）认为由于我国资本市场有效程度低、市场中存在严重信息不对称等因素，公司控股股东在股权再融资中有强烈的动机，通过盈余管理创造市场时机并择机进行融资。李君平和徐龙炳（2015）研究发现股价高估会促进高融资约束的公司进行股权融资和债券融资。此外，彭韶兵和赵根（2009）、郭思永和刘春江（2013）、牛彦秀和吉玖男（2014）等的研究也发现股权再融资过程中存在市场择时现象。

（二）优序融资理论

优序融资理论又称为啄食顺序理论（Pecking Order）。该理论认为公司在融资时，考虑到信息不对称和交易成本的存在，应该遵循内部融资、外部债券融资、外部股权融资的顺序。因此基于外部股权融资的股权再融资向市场传递了负面信号，即只有当企业现金流量和业绩正在或者未来出现恶化时，才会进行股权再融资（Leland和Pyle，1977；Healy和Palepu，1990；Daniel et al.，1998）。Myers和Majluf（1984）证实了企业遵循内部融资、外部债券融资、外部股权融资的融资顺序，形成了优序融资理论。他们认为发行股票是一种负面消息，会导致企业价值下降。由于Myers和Majluf（1984）的研究没有考虑到两类代理成本的问题，因此在实践中企业融资顺序往往与Myers和Majluf的优序融资理论是不同的。比如Fama和French（2004）检验了1973—2002年期间公司的融资决策，发现大部分企业并没有遵循内部融资、外部债券融资、外部股权融资的顺序。

（三）代理理论

代理理论指出在现代公司制下，公司存在两类代理问题：一类是管理层与股东的代理问题，另一类是股东之间的代理问题（La Porta，1999）。由于"一股独大"的股权结构在我国资本市场较为普遍，我国资本市场中主要体现为大股东与中小股东的代理问题。在股权再融资尤其是定向增发中，大股东对定向增发全过程的操控以及增发后流入现金的增加和大股东股权比例的变动都可能导致更严重的代理问题，从而使公司的利润和市场业绩下滑（杜沔和王良成，2006）。McLaughin et al.（1998）研究发现上市公司股权再融资前自由现金流越高，融资后经营业绩下降得越明显。Clifford（2018）的研究表明，各国对股票再发行的强制性股东批准各不相同。当股东批准股票再发行时，平均公告收益为正；当未经股东批准发行股票时，再发行回报率为负。且所需的相对多数票越多，公开发行、配股和定向增发的回报率就越高，这表明代理问题存在于股票再发行中。本部分主要是对定向增发中的代理问题进行梳理，总结出在我国定向增发中主要存在以下几种大小股东代理问题：盈余管理、资产注入、募集资金滥用以及其他。

1. 盈余管理

在市场非有效的条件下，盈余管理可以提高上市公司的账面价值，达到募集更多资金的目的，大股东还可以通过盈余管理打压股价获得高折价参与定向增发。大量的研究表明，股权再融资过程中确实存在盈余管理现象（Rangan，1998；林舒和魏明海，2000；Cohen 和 Zarowin，2010；王克敏和刘博，2012）。前期，我国关于股权再融资与盈余管理的研究多集中于配股和公开增发，学者们认为在配股和公开增发中对上市公司财务指标的要求是盈余管理的主要原因，此时大股东会在股权再融资前进行向上的盈余管理以达到政策的要求（陈小悦等，2000；陆正飞和魏涛，2006）。而后，在定向增发中的盈余管理研究中发现，公司在定向增发前，既存在负向的盈余管理，也存在正向的盈余管理。王茂超和干胜道（2009）研究发现无论在公开增发还是非公开增发中，上市公司在增发前均存在调低利润的现象。王志强等（2010）发现大股东在定向增发前会通过盈余管理打压基准日股价。章卫东（2010）指出，当面向大股东及其关联股东定向增发时，存在负向盈余管理；当面向其他投资者定向增发时，存在正向盈余管理，正向盈余管理越严重，后期股价表现就越差。宋鑫等（2017）则系统分析了大股东在定向增发中的行为以及对定向增发中定价影响的传导机制。研究结果表明，如果大股东参与定向增发，则定价会出现两次偏离：第一次偏离是定向增发价格负向偏离公司内在价值；第二次是定向增发实施后，市场价格正向偏离定向增发价格。而出现偏离的原因在于定向增发前大股东实施了负向真实盈余管理行为。此外，徐寿福和龚仰树（2011）、罗国民等（2018）、王晓亮和王鑫（2018）等通过研究均发现定向增发前存在盈余管理现象。然而，Chou et al.（2010）研究指出在定向增发过程中，向上的盈余管理证据很少，且盈余管理并不是定向增发长期业绩不佳的原因。

2. 资产注入

与配股和公开增发不同的是，定向增发中的认购者既可以通过现金的方式认购股份，也可以通过非现金资产的方式认购股份，非现金资产支付的其中一种就是资产注入。在定向增发中，大股东通过资产注入，既可以减少定向增发公司与大股东间的关联交易（刘建勇等，2011），也可以通过注入优质资产提升上市公司的价值（魏成龙等，2011）。许荣和刘洋（2012）研究发现，在定向增发中如果大股东认购定向增发的股份，则市场公告效应与大股东认购比例呈现正相关，而这一关系主要是由大股东采用资产认购的方式导致的，且大股东采用资产认购的定向增发公司，在一年后的会计业绩也显著提升，支持大股东资产注入的"支持"理论。同样，章卫东等（2017）发现，在定向增发中大股东认购新股比例越高，公司的业绩越好。然而，更多学者的研究表明，上市公司大股东进行资产注入的目的是利益输送。张祥建和郭岚（2008）认为由于大小股东之间存在严重的信息不对称现象，定向增发中大股东具有虚增注入资产价值的动机，虚增注入资产价值越大，中小股东的财富损失越大。季华等（2010）研究表明，在不需要证监会审核的资产注入中，存在大股东向上市公司注入劣质资产的现象。章卫东等（2012）研究发现，当上市公司盈利时，国有企业控股股东可能为了实现政治目标，会通过注入劣质资产来"掏空"上市公司，从而导致盈利的国有企业在资产注入后出现业绩下滑；而当上市公司面临退市危机时，大股东会通过向上市公司注入优质资产来避免退市。相较于民营企业而言，政府掌握更多的资源，因此政府在上市公司面临退市危机时，有更为强烈的动机和能力来实施"支持"行为。

3. 募集资金滥用

还有一些学者认为在代理问题的影响下，上市公司大股东为了获取私有收益，有能力和动机进行非效率投资，从而导致股权再融资后业绩下降（朱云等，2009）。Polk 和 Sapienza（2002，2009）认为，当投资者对公司业绩形成良好预期时，上市公司为了维持股价会过度投资。Fu（2010）研究发现，上市公司在股权再融资后普遍存在过度投资现象，且过度投资是引起公司股权再融资后业绩下滑的重要原因。刘少波和戴文慧（2004）以 2000 年我国股权再融资公司为样本，研究发现我国上市公司股权再融资后普遍存在募集资金投向变更现象，其中隐性变更比显性变更更加严重[①]。宋衍蘅（2008）研究发现，相较于募集资金有具体用途的再融资企业而言，募集资金用途不明确的再融资企业未来业绩下滑得更严重。胡本刚和陈其安（2010）也发现了类似现象。他们的研究表明，募集资金用途发生变更的企业长期经营业绩显著低于募集资金未发生变更的企业。屈冬冬和杨兴全（2013）的研究表明，我国上市公司股权再融资后过度投资行为显著增加，且再融资后的过度投资现象在国有企业中更为严重。章卫东等（2017）也发现了这一现象。他们还进一步发现与定向增发新股相比，公开增发新股后上市公司过度投资现象更加严重。王秉阳（2017）则从管理者代理问题的角度进行研究，发现管理者代理问题导致的非效率投资是导致定向增发公司出现"SEO 业绩之谜"的重要原因。此外，邰国梅（2008）、祝继高和陆正飞（2011）、田昆儒和王晓亮（2014）、张征超和史光辉（2017）等均证明上市公司存在募集资金滥用现象。

4. 其他

在上市公司股权再融资过程中除了存在上述三种主要的代理问题，还存在以下其他方面的代理问题：

第一，上市公司大股东在股权再融资后对募集资金进行侵占（蔡吉甫，2008；赵玉芳等，2012；罗丹等，2012；简冠群和李秉祥，2018）。刘超等（2019）研究发现，上市公司定向增发后大股东的资金占用现象显著增加，定向增发折扣率越高的上市公司资金占用现象越严重；相对于现金认购，大股东采用资产认购方式定向增发后，资金占用现象更严重；定向增发后关联交易规模越大的公司，大股东资金占用行为更明显。

第二，定向增发后，通过现金股利进行利益输送（Lee et al.，2002；Cronqvist 和 Nilsson，2005；李春琳和张立达，2011；陆正华和陈佳，2015）。赵玉芳等（2011）的研究表明，相较于没有实施再融资的公司，上市公司定向增发后现金股利水平显著提高，其中大股东参与认购的定向增发公司现金股利发放得更多，据此他们认为我国上市公司大股东在定向增发中有通过现金股利进行利益输送的倾向。

---

① 显性变更是指上市公司履行了变更募集资金投向的发行程序，隐性变更是指上市公司未履行变更募集资金投向的发行程序以及资金闲置行为。

第三，定向增发后的减持套利行为（章卫东等，2011；邓鸣茂，2016；崔宸瑜等，2017；王力，2017）。熊剑和陈卓（2011）认为，在全流通背景下，大股东会借助定向增发来低价增持企业股权，再通过二级市场高价减持套利。他们发现在大股东减持套利越严重的上市公司中，定向增发的折价程度越高。李文兴和张梦媛（2012）以某银行2011年的定向增发为案例，研究发现，在该银行的定向增发中，大股东在定向增发前多次减持股份，然后通过盈余管理降低定向增发发行价从而低价购回，存在利益输送行为。

第四节　关于大股东资金占用的研究

资金占用是大股东进行利益输送的重要方式之一（Johnson et al.，2000）。早在2002年，沪深交易所就曾普查过1175家上市公司，普查结果发现有676家公司存在大股东占款现象。当下，随着监管部门监管力度的逐步加大和资本市场中企业治理能力不断提升，大股东资金占用问题与2002年相比已有较大改善。近些年来，随着我国经济进入新常态、宏观信贷环境的紧缩及国家层面去杠杆政策的实施等，一些上市公司大股东在上市公司外拥有大量的体外资产，加之前期扩张过快，面临融资难和资金链断裂等问题，一些大股东又开始打起上市公司的主意。2019年5月11日，中国证监会主席易会满在中国上市公司协会2019年年会暨第二届理事会第七次会议上表示，自2019年，共计有28家上市公司及相关主体受到证监会立案调查，其中涉及资金占用13家次。以"资金占用"为关键词，搜索上市公司公告后发现，2019年下半年以来，共有271家上市公司发布过有关控股股东、关联方资金占用的公告。不难看出，资金占用问题在A股市场仍较为严重。

与盈余管理、高折价率和减持套利等代理问题不同，大股东资金占用行为会直接对企业的生产经营活动产生影响，导致企业会计业绩的恶化，从而产生上市公司二级市场股价大幅下跌的现象。由前文可知，目前我国资本市场大股东资金占用问题仍较突出，这不仅会影响企业的正常生产经营活动，还会恶化整个资本市场的资源配置效率。与一般的代理问题相比，大股东资金占用对上市公司和中小股东的利益损害更加严重。由于股权再融资活动往往使上市公司短期内增加大量的现金流，因此股权再融资后大股东的资金占用行为可能更加严重，从而导致上市公司股权再融资后业绩下滑现象。

接下来，本书将从大股东资金占用的原因、行为、后果和治理四个方面进行详细梳理。

一、大股东资金占用的原因

Fan和Wong（2002）认为由于控制权私利的存在，大股东会侵占中小股东的利益。Denis和Mc Connell（2003）研究发现，在法律制度不完善的地区，大股东能够操控公司管理层，就会倾向于进行利益输送。国内一些学者则从股权结构的角度研究了大股东资金占用问题。李增泉等（2004）发现大股东资金占用与其持股比例、控股股东控制方式和产权性质有关，其中大股东资金占用与其持股比例呈先上升后下降的非线性关系；大股东资金占用情况在集团控制的公司中更严重；相较于非国有企业，国有企业的大股东资金占用程度更高。王俊秋（2006）认为股权结构对大股东侵占行为有着重要影响，大股东的"隧道挖掘"行为与其持股比例呈显著的倒U型关系。裘宗舜和饶静（2007）发现控股大股东占用资金与非控股大股东持股比率及个数显著负相关；此外，当地法治环境越好，控股大股东资金占用水平越低。

也有一部分学者认为导致大股东资金占用的原因是多方面的，其中我国特殊的制度背景具有重要作用。姜国华和岳衡（2005）认为我国特殊的市场制度是导致大股东资金占用的重要原因：第一，我国股票市场建立的初衷之一就是为国有企业提供新的融资渠道；第二，股权分置改革之前，我国上市公司存在大量非流通股，无法在市场上交易。这两方面的因素共同促使占用上市公司资金成为大股东获取回报的主要手段。王松华（2007）认为大股东占用资金除了股权方面的原因，还有以下原因：①公司治理结构不完善；②上市公司体制转轨不彻底；③资本市场中监管部门的监管力度不够。王良成等（2010）从配股的角度认为，大股东"掏空"行为需具备三个要件：首先，大股东处于信息优势，中小股东处于信息劣势，导致股东之间存在信息不对称，中小股东无法及时获取公司经营状况的信息，难以识别大股东的侵占行为；其次，大股东需具备一定程度的股权，能够控制上市公司，即控制董事会、管理层和股东大会，这样大股东就具备了"掏空"能力；最后，由于不少中小股东的权益意识淡薄、法律保护不健全、大股东"掏空"成本低等因素，大股东有动力和能力实施"掏空"行为。而这三点在我国特殊制度背景下均具备，因而导致大股东"掏空"行为屡禁不止。

此外，还有一些学者认为当大股东处于财务困境时，极容易对上市公司实施资金占用行为。郑国坚等（2013，2014）研究发现，当大股东股权被质押或者冻结时，更容易出现资金占用行为。大股东的股权质押程度可以被用来衡量大股东的财务困境及其"掏空"倾向。

二、大股东资金占用的行为

李增泉（2004）认为，大股东占用上市公司资金主要通过与应收账款有关的三个会计科目反映出来：应收账款、预付账款和其他应收款。其中应收账款和预付账款属于"经营性资金占用"，其他应收款属于"非经营性资金占用"。安青松和王啸（2004）也认为大股东资金占用的会计反映包括"经营性占用"和"非经营性占用"，此外他们还发现我国上市公司"经营性占用金额"大于"非经营性占用金额"。姜国华和岳衡（2005）指出，大股东资金占用比盈余管理、关联交易等更能反映大股东的盘剥行为。他们从理论上认为大股东资金占用主要体现在"非经营性占用"即其他应收账款中。周中胜（2007）和王松华（2007）关于大股东资金占款的研究也支持李增泉的"经营性占用"和"非经营性占用"的分类。夏芳（2013）发现2012年我国上市公司应收账款大股东欠款涉及金额为32.35亿元，而来自其他应收账款大股东欠款金额为23.14亿元，累计涉及公司数量达到195家，大股东应收账款金额累计55.49亿元。洪格尔朱拉（2018）认为大股东主要通过关联交易占用资金，关联交易的主要形式有转嫁费用、赊销和委托经营等。覃舜宜（2019）则梳理了2018年以来深圳上市公司资金占用情况，总结出大股东占用资金主要有以下十种方式：①有偿或无偿拆借上市公司资金；②通过银行或非银行金融机构向关联方提供委托贷款；③为其开具没有真实交易背景的商业承兑汇票；④经营性往来在资产交易后形成非经营性资金占用；⑤与银行签订现金管理合作协议，实现资金上拨下划；⑥通过保理业务形成资金闭环，间接占用上市公司资金；⑦上市公司作为共同借款人为大股东借款；⑧主导上市公司开展商业实质存疑的投资；⑨与供应商等第三方虚构交易；⑩盗用或假借上市公司名义借款。

三、大股东资金占用的后果

大股东长期占用上市公司的资金，显然会导致公司营运资金匮乏，资金周转困难，轻则导致上市公司严重依赖外部融资增加财务费用，重则导致上市公司休克甚至退市。Johnson et al.（2000）认为1997年东南亚金融危机正是由大股东的"掏空"行为引起的。大股东的"掏空"行为还有可能促使上市公司披露不真实的会计信息（Bertrand，2002）。此外，Jiang et al.（2010）研究发现大股东"掏空"行为会导致公司资金紧张、业绩下降。国内学者方面，姜国华和岳衡（2005）研究发现资金占用会导致公司未来股票回报率和未来会计业绩下降。郑国坚等（2014）发现大股东资金占用会对上市公司业绩产生负面影响，支持姜国华和岳衡（2005）的研究结论。王超恩（2015）以我国2007—2013年上市公司为样本，发现大股东"掏空"行为会导致上市公司面临严重的股价崩盘风险。张长征和方卉（2018）也发现大股东的"掏空"行为会间接传染至股价崩盘。

四、大股东资金占用的治理

对于大股东资金占用行为的治理，主要分为内部治理和外部治理两个方面。内部治理主要包括股权结构（Jensen和Mecking，1976；Morck et al.，1988；Claessens et al.，2002）、董事会特征（Hermalin和Weisbach，1998，2001；唐清泉和罗党论，2005）、内部控制水平（洪金明等，2011；王奇和李四海，2012；钟凯等，2014）等因素，外部治理主要包括审计师（Fan和Wong，2002；岳衡，2006）、法律制度环境（罗党论和唐清泉，2007；Gopalan和Jayaraman，2012；严也舟，2012；聂萍和潘再珍，2019）、媒体关注（陈翔宇和万鹏，2016）等因素。

在股权结构方面，Bennedsen和Wolfenzon（2000）考察发现股权制衡能够显著抑制大股东的资金占用行为。唐清泉等（2005）发现股权结构是导致大股东侵占行为的重要因素，随着大股东持股比例的增加，大股东的资金占用倾向也越严重，此外，中小股东持股比例能够抑制大股东的资金占用行为。在董事会特征方面，Raheja（2005）指出，独立董事在董事会中占比越高，大股东侵占行为的成本就越高，因此独立董事能够有效地抑制大股东"掏空"行为。吕秀华和郭绍俊（2014）、王凯等（2016）也发现了独立董事具备监督大股东侵占行为的作用。在内部控制方面，高雷和张杰（2009）以我国2004—2006年A股非金融类上市公司为样本，发现公司治理水平高能显著地抑制大股东的资金占用行为，即在治理水平较高的公司中，大股东资金占用行为较少。杨德明等（2009）以我国2007—2008年A股上市公司为样本，发现内部控制质量的提高可以抑制大股东资金占用行为，但这种现象仅在低审计质量的公司中存在。

在审计师方面，周中胜和陈汉文（2006）从审计方的视角发现，审计师会对大股东资金占用严重的公司出具非标准的审计意见报告，因此审计师能在一定程度上抑制大股东的侵占行为。杜兴强等（2010）认为高质量的审计能够显著抑制大股东资金占用行为，但是大股东资金占用严重的上市公司不一定会选择高质量的审计。在法律制度方面，侯青川等（2017）研究发现放松卖空管制后，如果大股东实施"掏空"行为，则其他股东可以对公司股票实施卖空，从而导致大股东的利益也受损。如果"掏空"行为带来的收益小于股价下跌的损失，则放松卖空管制可以抑制大股东的"掏空"行为。聂萍和潘再珍（2019）发现，在我国资本市场中沪深交易所的问询函能够显著抑制大股东的"掏空"行为，这种抑制作用主要体现在包含"掏空"关键事项的问询函上。在媒体关注方面，孔东民等（2013）、李明和叶勇（2016）均发现媒体负面报道对大股东的"掏空"行为具有治理作用。

此外，有一些学者从其他角度研究了大股东资金占用行为的治理。安青松和王啸（2004）认为以股抵债的方式可以有效地从源头解决大股东资金占用问题。李旎和郑国坚（2015）研究发现市值管理会促使大股东进行外源融资，从而减少大股东对上市公司的资金占用行为，因此市值管理对大股东资金占用行为具有治理作用。

第五节　股权再融资与现金股利的研究

一、关于现金股利的研究

（一）现金股利价值

Miller 和 Modigliani（1961）在完全竞争市场、理性人、不存在信息不对称和交易成本等一系列完美假设的情况下，提出了公司价值与股利政策无关的观点。学者们将其称为股利无关论（MM 理论）。然而，这一系列的完美假设在现实社会中并不存在。因此，越来越多的学者研究发现现金股利对企业的价值是有影响的。Gordon（1962）认为由于企业经营存在诸多不确定性，投资者偏好现金股利多于资本利得，更愿意持有股利支付水平较高的股票，因此现金股利与企业价值正相关。Pinkowitz et al.（2006）指出在投资者保护水平较低时，现金股利的价值效应更高。Kalcheva et al.（2007）研究发现，当管理者有较强控制权且在投资者保护较弱时，现金股利可以提高企业价值。龚光明和龙立（2009）指出股票股利发放不能提升企业价值，高现金股利有助于提升企业价值。同时他们还发现股利稳定性本身与企业价值无关，但是在保持股利稳定性的同时，现金股利的高低影响企业价值。许辉和祝立宏（2010）将支付现金股利金额低于自由现金流量的公司定义为低现金股利公司。他们发现在低现金股利公司中，现金股利的增加有助于使股东财富最大化。张继袖和陆宇建（2012）研究发现当股市处于下跌时期，支付现金股利的公司更容易获得投资者的追捧。此外，李彬（2013）、任青珍（2014）等均发现现金股利能提升企业价值。国内也有学者研究发现，现金股利不能提升企业价值。何涛和陈晓（2002）以中国1997—1999年上市公司为样本，发现单一现金股利对股票超额回报没有显著影响。吴战篪（2007）以2001—2004年江淮汽车、宇通客车和厦门汽车三家客车公司为样本，研究发现这三家公司现金股利的发放多基于利益输送动机，并不能提升股票的内在价值。杨汉明（2008）研究发现，由于我国企业普遍处于初创期和成长期，发放现金股利降低了企业价值；但是在成熟期和衰退期的企业中，现金股利与企业价值正相关。同时，杨汉明（2008）还以股权分置改革以前2001—2005年中国上市公司为样本，发现现金股利支付率与企业价值负相关，与管理层持股比例负相关。臧秀清和刘静（2014）的研究结论也支持现金股利与企业价值负相关这一结论。

（二）股利的委托代理理论

委托代理理论将企业中的代理问题分为两类：一类是股东与管理层的代理问题，另一类是大股东与中小股东的代理问题。由于英美等国家股权较为分散，企业代理问题主要体现为股东与管理层的代理问题。Rozeff（1982）研究发现，现金股利具备缓解代理冲突的作用，同时支付现金股利又会带来外部融资依赖的成本。当边际收益与边际成本相等时，企业现金股利政策处于最优状态。Jensen（1986）指出管理者的代理问题主要源于企业自由现金流，而现金股利可以减少企业的自由现金流，从而缓解代理冲突和提升公司价值。Lang和Litzenberger（1989）也发现现金股利能够抑制企业过度投资现象。He et al.（2017）指出，股利支付可以减少盈余管理，缓解代理问题，为企业再融资塑造良好形象。

吕长江和王克敏（1999）则以我国1997—1998年上市公司为样本进行研究，结果显示我国上市公司现金股利行为支持信号理论和股利代理理论，不支持优序融资理论。杨熠和沈艺峰（2004）指出，在我国现金股利的自由现金流理论比信号理论更具解释力，现金股利的治理效果显著。罗宏和黄文华（2008）研究发现，在国有企业中现金股利可以抑制高管的在职消费，支持股利代理理论。刘孟晖和高友才（2015）指出，现金股利的正常派现会增加代理效率和公司价值，但是异常派现会增加公司代理成本，降低公司价值。卢玉芳（2017）以中国2008—2014年上市公司为样本，发现现金股利可以有效地缓解大股东与中小股东的代理问题。罗琦（2018）认为当治理环境较差时，公司会通过多发放现金股利来缓解代理问题，此时现金股利发挥着替代性治理作用。胡泽民等（2018）研究发现，现金股利与企业会计绩效正相关，其中控股股东代理问题在现金股利与企业会计绩效关系中具有部分中介效应，表明现金股利可以抑制控股股东的代理问题，提升企业会计绩效。此外，廖理和方芳（2004）、刘银国等（2014）、徐寿福和徐龙炳（2015）、罗琦和吴哲栋（2016）、张雯娇等（2016）均发现现金股利具有缓解两类代理问题的作用。

（三）现金股利的"掏空"理论

虽然股利代理理论目前在国内外处于主流地位，但是也有部分学者认为现金股利可能会沦为大股东的"掏空"上市公司的手段，国内学者在这方面的研究主要基于我国股权分置改革以前的样本。Lee et al.（2002）指出当公司股权集中度较高时，上市公司倾向于发放更多的现金股利，现金股利成了大股东合法的"掏空"手段。Chen et al.（2009）指出在我国股权分置改革之前，一些大股东持有大量无法通过二级市场流通的非流通股，他们更倾向于现金股利，现金股利逐步沦为大股东"掏空"手段。原红旗（2001）发现上市公司中非流通股比例越高，则现金股利发放得越多。他认为大股东可能通过现金股利实施利益输送。陈信元等（2003）研究发现佛山照明在1993—2000年期间的七次高额分红并没有提升公司超额市场回报率，现金股利可能会沦为大股东转移资金的工具。肖作平和苏忠秦（2012）认为大股东可能会通过发放现金股利来掩饰自身的利益输送行为。此外，唐清泉和罗党论（2006）、袁振兴（2007）、刘孟晖（2008）等学者均认为现金股利很有可能是大股东实现利益输送的工具。随着股权分置改革的完成及"同股同权同利"的实现，一些学者认为现金股利的"掏空"作用已被"治理"作用取代。高峻（2009）指出股权分置改革后，我国上市公司超能力派现、融资派现行为明显减少，分红意愿上升，股利行为逐步回归常态。于静等（2010）研究发现股权分置改革缓解了现金股利的"掏空"效应，有力地支持了自由现金流理论。武晓玲和翟明磊（2013）认为在高自由现金流量的公司中，通过发放现金股利可以缓解过度投资导致的代理问题。杨宝等（2016）以沪深两市2006—2011年上市公司为研究样本，研究结果表明，大股东主导下的现金股利显著促进了企业的可持续增长，同时还有助于提升企业价值。因此股权分置改革后，大股东在现金股利政策中的角色也逐步实现由"利益输送"向"利益共享"转变。

目前已有学者开始关注股权再融资与现金股利之间的关系，但绝大多数的研究都基于现金股利的"掏空"视角。Cronqvist et al.（2005）以瑞典上市公司为样本，发现家族控制的企业倾向于在定向增发后发放现金股利，可能通过现金股利"掏空"上市公司。赵玉芳（2011）研究发现，上市公司在定向增发后，现金股利水平显著提升，且在大股东参与定向增发认购的公司中，现金股利发放得更多。基于此他们认为大股东在定向增发后会通过现金股利进行"掏空"。李平和李刚（2014）从理论和实证两方面分析定向增发与现金股利之间的关系，研究结果表明定向增发后公司股利支付率更高，且在大股东参与认购的公司中这种变化更显著，支持了赵玉芳（2011）的研究。张路等（2015）以我国首次公开发行上市的公司为样本，研究发现上市公司通过超募资金补充流动资金的程度越高，则现金股利发放的水平越高。这种现象在大股东股权比例较高的企业中更为突出。此外，他们进一步发现在企业通过超募资金补充流动资金的样本中，现金股利的市场反应较为消极，说明投资者担心大股东通过现金股利的方式来进行利益输送。张丹妮和周泽将（2020）发现，企业在股权再融资后存在立即进行现金股利发放的倾向，且当年股权再融资企业的现金股利行为市场公告效应更差。此外，谢德仁和林乐（2013）认为上市公司的现金股利应该来源于正值的留存收益与充足的自由现金流，否则称为"庞氏分红"。他们以上证红利50指数成分股为研究样本，发现82.25%的公司现金股利来源于融资活动，属于"庞氏分红"。然而，杨宝和任茂颖（2017）以沪深A股2005—2015年上市公司为样本，从现金流、净利润综合视角界定上市公司"庞氏分红"，发现我国上市公司"庞氏分红"行为并不普遍。

二、半强制分红政策

为了减少资本市场"重融资、轻回报"的问题，我国监管部门越来越重视现金股利在保护投资者利益中的重要作用，出台了将再融资资格与股利分配水平相挂钩的规定，这些措施常常被称为"半强制分红政策"（李常青等，2010）。2006年5月证监会颁布了《上市公司证券发行管理办法》，规定上市公司公开发行证券应满足如下条件：最近三年以现金或股票方式累计分配的利润不少于最近三年实现的年均可分配利润的百分之二十。随后，2008年10月证监会又颁布了《关于修改上市公司现金股利若干规定的决定》。这次修改有两大看点：①明确要求以现金方式进行分红。②将与再融资资格挂钩的现金股利门槛由百分之二十提升为百分之三十。此外，还要求报告期内盈余而未进行现金股利分红的公司详细说明未进行现金股利的原因及留存资金的用途。

魏志华等（2014）研究发现：①半强制分红政策显著提高了上市公司的派

现意愿和派现水平；②半强制分红政策推动了非竞争性行业、高盈利的公司和高成长、有融资需求公司的现金股利水平；③半强制分红政策无法约束"铁公鸡"公司的现金股利行为；④半强制分红政策实施后，"门槛"股利和"微股利"的行为显著增加。总体而言，半强制分红政策改善了上市公司分红状况。刘银国等（2014）指出，半强制分红政策的实施并没有影响资本市场中企业总体的现金股利水平；高资产负债率、高成长性和非国有产权企业由于担心半强制分红政策造成融资约束，被迫提高了股利水平，反而造成了投资不足。余琰和王春飞（2014）发现半强制分红政策颁布后，有融资需求的公司仅会支付满足融资条件的最低现金股利，同时上市公司再融资方案一旦通过，公司的现金股利支付意愿显著下降。余国杰和赵钰（2018）指出，半强制分红政策出台后，有再融资需求的公司为了达到相应分红比例的监管要求会进行更多的盈余管理，且在国有企业中再融资公司的这种盈余管理行为更为严重。

第六节　文献总结

从目前梳理的国内外相关文献来看，学者们对股权再融资中的"SEO业绩之谜"进行了诸多探究，然而对于定向增发是否存在"SEO业绩之谜"未形成统一观点，且从大股东资金占用和现金股利的视角来探究定向增发中的"SEO业绩之谜"更是少见。此外，现有文献仍然存在一些值得商榷和拓展的地方，主要有以下几个方面：

第一，国内外学者关于股权再融资后的业绩问题的研究成果为本书研究提供了可供参考的理论依据，但是这些研究大多基于配股和公开增发的样本。对于定向增发后的业绩问题主要集中于定向增发的公告效应，而对于会计业绩研究较少，且结论不一。因此，进一步深入研究上市公司定向增发后的长短期业绩问题显得很有必要。

第二，国内外学者关于股权再融资导致企业业绩下滑原因的研究多聚焦于机会窗口理论、优序融资理论以及代理理论。其中，机会窗口理论和优序融资理论只能解释股权再融资后的市场业绩下滑问题，无法较好地解释股权再融资后会计业绩下滑问题。在代理理论方面，主要集中于盈余管理、资产注入和募集资金滥用等方面，而盈余管理和资产注入并不能很好地解释股权再融资后的业绩下滑问题，比如关于盈余管理的研究发现，在股权再融资中大股东既有向上的盈余管理现象，也具备向下的盈余管理动机。同样，在资产注入方面，学者们对于大股东的资产注入是"支持"还是"掏空"的研究结论也不尽一致。关于募集资金滥用方面的研究更多的是基于管理层与股东代理问题的角度，而不是基于大股东与中小股利代理问题的角度。

第三，关于大股东资金占用方面的研究，众多学者均发现我国上市公司中存在着大量大股东资金占用的现象，学者们从大股东资金占用的原因、行为、后果及治理四个方面进行了诸多研究。上市公司在定向增发后，由于获得了大量的现金流以及募集资金闲置现象较为突出，此时定向增发公司的大股东与中小股东的代理问题较一般企业会更为严重。然而，研究股权再融资尤其是定向增发与大股东资金占用之间关系的文献较少，亦鲜有文献从大股东资金占用角度来解释定向增发后的业绩下滑问题。

第四，国内外学者关于上市公司现金股利行为的研究已经相当丰富，且多数研究认为现金股利能够缓解企业的代理问题，有助于提升企业价值。然而，一部分学者在研究股权再融资与现金股利关系时，认为现金股利是股权再融资公司大股东"掏空"的手段，将现金股利异化为大股东"掏空"手段似乎又与现金股利"同股同利"的本质、我国资本市场"重融资、轻回报"的现象以及监管部门鼓励上市公司提高现金股利水平的政策相悖。究其原因，认为股权再融资中现金股利是"掏空"行为的研究大多基于股权再融资前后现金股利的变动来认定"掏空"行为，而没有进一步研究这种现金股利的变动与企业业绩的关系。此外，还有一部分学者从半强制分红政策角度来研究股权再融资企业的现金股利行为。然而，半强制分红政策文件中仅对配股和公开增发这两种公开发行的股权再融资行为有明确约束，而对于定向增发这种非公开发行的股权再融资行为并没有作出现金分红的要求，因此半强制分红政策无法解释定向增发企业的现金股利行为，有再融资需求的企业完全可以通过定向增发的方式来回避半强制分红政策的约束。因此，有必要对定向增发中的现金股利进行再认识、再探讨。

第三章　定向增发与现金股利："掏空"行为还是治理效应的实证检验

第一节　问题的提出

定向增发，也称非公开发行，指上市公司采用非公开发行方式向特定对象发行股票的行为。由于定向增发具有简单、便捷的优点，自2006年《上市公司发行管理办法》颁布以来，大量公司纷纷采用定向增发的方式进行再融资。目前定向增发已经取代了配股和公开增发，成为上市公司再融资的首选。据Wind统计，2015—2017年我国A股定向增发募集资金连续三年突破1万亿元，其中2016年金额最高，为1.8万亿元，占当年股权再融资比例达85%以上，而2016年IPO金额仅为1500亿元。在资本市场轰轰烈烈地展开再融资活动的同时，监管部门和投资者对上市公司实施现金股利分红回报投资者的呼声也越来越高。如格力电器在2018年4月25日宣布不进行现金股利分配，次日股价随即逼近跌停。这显然是众多投资者对上市公司不进行现金股利分红回报投资者的行为用脚投票的结果。此外，据Wind统计，1990—2019年我国A股市场累计募集资金126000亿元，A股累计发放现金股利90000亿元，A股净融资额36000亿元，年均净融资1200亿元。其中，银行分红占比最高：银行累计募资10000亿元，累计分红35000亿元。其他累计募资116000亿元，累计分红55000亿元。在剔除银行后，A股年均净融资2033亿元。由此可见，资本市场形成了"重融资、轻回报"的现象。因此，长期以来投资者将资本市场的再融资行为称为"圈钱"。

已有研究表明，我国资本市场长期以来存在"一股独大"现象。近年来，越来越多的学者认识到大小股东之间的利益存在巨大的差异。从理论上说，上市公司相对集中的股权有利于缓解股东和经理层之间的代理问题。但现实中，

现金股利、大股东资金占用与企业业绩的关系研究
——基于定向增发视角

一些大股东往往和经理层合谋侵占中小股东的利益，导致了更为严重的治理问题。如今，大小股东之间的利益冲突及由此引发的代理问题，已成了上市公司治理的首要难题。加上我国中小股东保护机制长期欠缺，容易出现对中小股东的盘剥，产生公司低派现现象（王信，2002）。Brennan et al.（1990）指出在"一股独大"的情况下，大股东往往不愿意支付较高现金股利，而倾向于将利润保留下来，从而再通过其他利益输送手段实现资产转移。罗琦等（2018）的研究也表明大股东有现金储备的动机，以便控股股东进行资产转移。还有一些学者发现大小股东之间的代理问题可以通过现金股利来缓解。上市公司现金股利具备传递企业经营状况良好信号的作用，能够有效地缓解企业的代理冲突，也是控股股东获取声誉效应，用以缓解市场间信息不对称问题的重要途径（魏锋，2012）。正因为现金股利是回报投资者的重要途径，同时其也具有良好的公司治理作用以及能在不同市场主体间传递信号减少信息不对称问题，于是我国监管部门出台了多项现金分红管制政策，以鼓励我国上市公司积极实施现金股利分配。然而，另一些学者认为现金股利在我国已经异化为大股东的"掏空"行为（原红旗，2001；Lee et al.，2002；肖珉，2005）。余明桂和夏新平（2004）的研究表明，在股权分置的背景下，大股东拥有大量的非流通股，由于非流通股股东偏好现金股利，此时大股东持股比例越高，上市公司的分红水平就越高，现金股利成为大股东转移资产的一种工具。赵玉芳（2011）以我国2006—2009年定向增发企业为样本，发现上市公司在定向增发后会发放更多的现金股利，这种行为在大股东参与定向增发认购时更加明显。李平和李刚（2014）的研究也发现了类似现象。这些学者依据大股东持股比例与现金股利水平的正向关系，认为我国上市公司的现金股利行为更符合利益侵占假说。上述研究结果似乎表明，国外公司支付现金股利是保护中小投资者的利益行为，而我国企业尤其是实施定向增发的企业，发放现金股利则沦为大股东"掏空"上市公司侵害其他股东利益的工具。据此两种矛盾的观点，有学者就表示现有的经验证据似乎难以判断现金股利是基于自由现金流量假说还是基于侵占假说（肖珉，2005）。

那么，为何我国上市公司在定向增发过程中的现金股利行为被学者异化成了"掏空"行为呢？本书认为有如下几点原因：①现金股利侵占假说的研究大多时间较早（原红旗，2001；余明桂，2004），其主要基于股权分置改革未开始实施或未完成的背景。在股权分置的背景下，上市公司大股东持有的股份大多为非流通股，无法通过二级市场正常的流通获取收益权，现金股利是其获取收益的唯一途径，因此可能存在控股股东偏好现金股利的现象。②仅仅依靠控

股股东持股比例或定向增发后现金股利的多少来判断是否是"掏空"行为存在一定的逻辑缺陷。本书认为只有现金股利的发放传递了业绩下滑的信号，才能判定是大股东的"掏空"行为。③近些年来，证监会为了鼓励上市公司通过现金股利回报投资者，出台了一系列以半强制分红政策为主要代表的现金分红管制政策。大量的研究表明，半强制分红政策提高了有融资需求企业的现金股利水平，企业为了获得再融资资格会进行"迎合式"的现金股利分红，而半强制分红政策对无融资需求的企业无效。这充分表明，现金股利不是上市公司的主动行为，而是监管部门大力推行的结果，我国现金股利分配水平仍然较低。因此，将企业尤其是定向增发企业中的现金股利分配异化为大股东"掏空"行为，既与监管政策相违背，亦与我国现金股利分配水平较低的现实状况相矛盾。④现金股利对所有股东来说是一种公平的根据股权比例获取收益的方式（Klaus 和 Yurtoglu，2003），其成为度量中小股东利益受保护程度的指标（Faccio et al.，2001）。在大股东"掏空"动机的驱动下，理性的大股东会减少现金股利的发放，增加公司的现金储备（罗琦，2018），从而通过关联交易、资金占用等方式对上市公司进行"掏空"，实现"掏空"收益最大化。在资本市场中，近些年来鲜有发现大股东通过现金股利分红进行"掏空"的案例，一些高额分红现象也被证明是公司的正常行为，高额分红是因为上市公司具备良好的基本面，并不是"掏空"行为，而是对投资者的回报（蒋东生，2010）。资本市场更多呈现的是大股东通过资金占用、违规担保、非效率投资、关联交易等方式实施利益输送。学者们的研究表明，在定向增发前后均出现了大量的大股东利益输送行为。那么，企业在定向增发后现金股利行为有无变化？在全流通市场下，企业在定向增发后的现金股利行为究竟是利益输送还是信号传递？如果企业在定向增发后发放现金股利属于"掏空"行为，那么监管部门将再融资资格与现金股利挂钩的半强制分红政策将失去理论支撑。

本章试图以我国 A 股上市公司 2007—2017 年的数据为样本，采用双重差分（DID）和 PSM 倾向匹配分析等方法，探究股权分置改革后，有再融资需求的企业在定向增发后现金股利的发放是否会发生变化。研究发现，相对于没有实施任何再融资方式的公司而言，实施定向增发的公司在增发后会减少现金股利的派发。在此基础上，本章还分别从大股东控制权、产权性质、现金股利水平等异质性方面，考察了定向增发后大股东现金股利行为的差异。研究发现，相较于大股东高控制权组，大股东低控制权组在定向增发后会减少更多的现金股利发放；相较于国有企业，非国有企业在定向增发后会减少现金股利发放；相较于高现金股利水平企业，低现金股利水平企业在定向增发后会减少更多的现金股利发放。最后，本章还试图探讨定向增发后上市公司是否会出现过度分红的现象以及在定向增发中现金股利的发放是"掏空"行为还是信号传递。研究发现，上市公司在定向增发后没有发生过度分红的行为；在上市公司定向增发后普遍出现的业绩下滑现象中，现金股利具备正向调节效应，能传递盈利的信号，这证明了定向增发中的现金股利不是"掏空"行为，而是具备缓解代理冲突、传递盈利信号的作用。这也表明了定向增发中大股东对中小股东的侵占可能不是通过发放更多的现金股利来实现，而是通过减少现金股利发放来实现，进而增加现金资产的储备，以方便日后通过其他方式实现资产转移（罗琦，2018）。

本章的研究贡献主要体现在：①本书提出定向增发后大股东对中小股东利益的侵占可能不是通过发放更多现金股利来实现，而是通过减少现金股利发放来实现，这与以往的研究结果不一致，从而拓展了定向增发问题的研究视角。②以往的文献仅仅根据大股东持股比例、定向增发前后大股东参与认购与否与现金股利发放的相关性，来判断大股东是否利用现金股利实施"掏空"行为，仿佛现金股利发放得越多，"掏空"行为就越严重。本书认为判断现金股利发放是不是"掏空"行为，需依据是否存在超能力派现以及此类派现行为是否构成对上市公司基本面的侵害，即是否会导致企业会计业绩下滑。本章在后续的研究中，还探讨了定向增发后是否存在过度分红行为以及定向增发中的现金股利与企业业绩的关系，从而使研究结果更具说服力。③本章的研究结果也具有重要的政策意义。近些年来，我国证监会大力鼓励上市公司通过现金股利发放的方式来回报投资者，证明定向增发中现金股利发放不是大股东的"掏空"行为具有重要的政策意义，这也为证监会的分红管制政策提供了理论支撑和实证支持。

第二节　理论分析与研究假设

代理理论认为，现代公司治理主要存在两类代理问题。第一类是管理层与股东之间的代理问题。公司管理层的利益往往与股东的利益是不一致的（Jensen 和 Mecking，1976），这种利益的分化往往会诱导管理层通过在职消费、高额薪酬、过度投资等自利行为来侵占股东的利益。Jensen（1986）基于自由现金流的角度，认为代理问题主要源于自由现金流，企业管理层在自利动机下，往往将企业自由现金流用于非效率投资、在职消费等方面，这与股东利益最大化的目标是相悖的,从而产生了第一类代理问题。第二类是大股东与中小股东之间的代理问题。从理论上说,相对集中的股权结构有助于减少股东间的"搭便车"问题,强有力的大股东有助于监督公司的管理者,缓解管理者代理问题。然而越来越多的学者发现,在投资者保护较弱的地区(Allen et al.,2005),大股东往往会侵占中小股东的利益而产生"掏空"上市公司的行为,从而导致更为严重的代理问题。需要说明的是,第一类代理问题多出现在股权结构较为分散的公司,而我国资本市场长期存在"一股独大"现象。在大股东控制下,容易出现管理层与大股东合谋侵占中小股东利益的现象,因此我国上市公司的代理问题主要体现为第二类代理问题。

定向增发目前已经成为我国上市公司最主要的股权再融资方式,由于我国资本市场中普遍存在"一股独大"现象,再加上定向增发的灵活性容易导致整个过程都在大股东的操控下(刘超等,2019),从而出现严重的第二类代理问题。众多学者研究表明,大股东在定向增发过程中普遍存在利益输送行为,比如定向增发前出现的盈余管理、操控发行折价、操控停牌时机等,定向增发后出现的募集资金项目变更、资金占用、关联交易、过度投资等。定向增发作为资本市场服务实体经济的重要方式之一,毫无疑问需要大力推行。但在大力发挥资本市场直接融资功能的同时,也需要通过合理的方式来保护投资者的利益不受侵害以及回报投资者,增加投资者信心。

现金股利能够减少公司自由现金流(Jensen,1986),降低代理成本(Rozeff,1982),向市场传递信号从而减少信息不对称问题(Nissim 和 Ziv,2001),亦是公司、高管和大股东获取声誉的重要途径(魏锋,2012),因此代理问题越严重的公司应该发放更多的现金股利(罗琦,2018)。Lang et al. (1989)实证检验增加股利的市场反应与公司是否过度投资之间的关系,支持了自由现金流假说。由于市场中存在大量信息不对称现象,治理良好的公司急需建立一种向外界传递公司良好形象的信号传递机制,这种信号的传递在融资约束和代理成本较高以及信息披露不完善的市场尤其重要(Gomes,2000)。由于我国存在"一股独大"现象,大股东在上市公司现金股利决策上具备重要的影响力甚至是最终决策者。一种观点如前文所述,支持现金股利的代理理论。该观点认为与其他利益输送行为相比,现金股利是通过利益共享方式来获取收益,有助于减少企业自由现金流,因此现金股利有利于缓解两类代理问题(谢军,2006;曹裕,2014)。而具有"掏空"动机的控股股东,往往不愿意派发现金股利,而倾向于更多的现金资产(罗琦,2018),理性的控股股东会选择通过关联交易等方式独享控制权收益。这种观点得到了许多实证研究的支持，如 LLSV 组合（2000）研究表明控股股东支付现金股利是法律保护的结果。罗琦和吴哲栋（2016）研究发现，当大股东股权比例较低时，大股东的侵占动机较强，此时现金股利具备缓解大小股东之间代理冲突的作用，现金股利还传递了良好的价值效应。余琰和王春飞（2014）通过研究半强制分红政策得出，有融资需求企业的现金股利是一种配合获取融资资格的"迎合"行为，现金股利不是上市公司的一种主动行为。另一种截然相反的观点认为，企业的现金股利是大股东的"掏空"行为。如刘峰等（2004）以沪市 2002 年抽样样本为依据，发现在大股东持股比例高的企业中，上市公司的派现水平也较高，因此现金股利政策是大股东实施资产转移的手段之一。赵玉芳（2011）认为定向增发后企业倾向于发放更多的现金股利，因此定向增发后控股股东存在利用现金股利"掏空"上市公司的行为。综上可知，学者们在现金股利的作用问题上出现了两种截然不同的观点：一部分学者认为现金股利是治理手段；另一部分学者认为现金股利已沦为企业，尤其是定向增发企业中大股东的"掏空"手段。定向增发是资本市场发挥直接融资功能的重要手段，而现金股利是资本市场回报投资者的重要渠道。在大力提倡资本市场发挥直接融资功能服务实体经济的背景下，探讨定向增发与现金股利的关系具有重要意义，更是厘清资本市场融资与回报关系的现实需要。本书认为，定向增发的实施对现金股利的影响有如下几个方面：

第一，根据学者们对其他股权再融资方式的研究，配股和公开增发前上市公司会进行"迎合式"的分红，在达到再融资门槛后，会减少现金股利的发放（余琰和王春飞，2014）。监管部门的分红管制政策对无融资需求的上市公司无效（郑蓉等，2014），这表明大部分上市公司的现金股利行为不是积极主动的行为，而是具有"迎合"目的的行为。为了配合定向增发的顺利认购，上市公司会在定向增发前进行盈余管理或提高现金股利以获得投资者青睐（章卫东，2010）。杨宝和袁天荣（2014）的研究也表明机构投资者普遍偏好现金股利。那么在定向增发前，大股东可能会维持或者增加现金股利的发放来吸引投资者的注意，在完成定向增发后则会减少现金股利。

第二，关于股利理论，股利的代理理论最具普遍性，也在很大程度上得到了学者们的验证，比较符合我国实际（王信，2002）。从世界范围来看，在回购较普遍的国家，公司派发的现金股利也较高，因此，作为收益共享的现金股利能大体反映公司对股东的回报程度，而不是反映大股东的"掏空"程度。定向增发实施后，大股东面临着"掏空"和不"掏空"两种选择。如果大股东选择"掏空"，对理性的大股东而言现金股利也不是大股东实施"掏空"行为的唯一和首选方式。理性的大股东应该选择减少现金股利的发放，偏好现金资产（罗琦，2018），然后通过关联交易、资金占用、非效率投资等方式将现金资产转移来实现"掏空"收益最大化，同时也可以避免让中小股东参与分享，这样中小股东将一无所获。此外，如果大股东决定实施"掏空"行为，那么大股东也倾向于不参与定向增发的认购。因为大股东参与定向增发的认购，将大大增加大股东"掏空"行为的成本。相较于大股东参与定向增发认购，在股权较为集中的市场中大股东完全可以在不参与认购定向增发股份的情况下实施"掏空"上市公司的行为。此外，一些学者研究表明大股东参与认购定向增发股份是一种支持行为（王浩和刘碧波，2011；郭思永，2013；章卫东等，2017）。而关于定向增发中大股东"掏空"行为的研究，将大股东参与认购定向增发后更多地发放现金股利视为大股东"掏空"行为，在理论上站不住脚，在实践中也没有必要。

第三，在我国资本市场中，那些偏好融资、最后被认定是"圈钱"的公司往往不是高股利的代表。而高股利公司往往是良好公司治理的代表。大量的事实证明，定向增发中大股东偏好通过高折价、关联交易、过度投资等行为来进行利益输送，这种行为还具备一定的隐蔽性（Baek et al., 2006）。此外，仅仅依靠控股股东持股比例或定向增发后现金股利的多少作为衡量指标，来判断是否是"掏空"行为也存在一定的逻辑缺陷。因为"掏空"行为往往伴随着企业业绩的下滑，故本书认为只有定向增发后现金股利的发放传递了企业业绩下滑的信号才能判定是大股东的"掏空"行为。徐寿福和徐龙炳（2015）研究表明，现金股利是中小投资者保护的体现，有助于公司价值的提升。马鹏飞和董竹（2019）发现，从总体来看我国上市公司的现金股利具备缓解两类代理问题的作用，有助于企业会计业绩和市场业绩的提升。众多研究均表明，现金股利的发放伴随着企业业绩的提高。

因此，在自利动机下，理智的上市公司大股东必然会在定向增发后减少现金股利的发放，并配合采取其他各种"掏空"行为来实现"掏空"收益最大化。为此，我们提出如下假设：

假设3-1：相较于没有实施任何再融资的公司而言，实施定向增发的公司在增发后会减少现金股利的派发。

第三节 研究设计

一、样本选择与数据来源

本章以 2007—2017 年 A 股上市公司为观察样本来研究定向增发与现金股利的关系，并根据以下条件筛选样本：①剔除资产负债率大于 1 的样本；②剔除股利支付率大于 1 的样本；③剔除当年被 ST 的样本；④剔除金融行业样本；⑤剔除当年 IPO 的样本；⑥剔除 AB 交叉上市的样本；⑦剔除在定向增发前后三年有定向增发，以及定向增发期间进行过配股、公开增发的样本；⑧剔除相关变量数据缺失以及数据异常的样本。本书所采用的上市公司数据均来自 CSMAR 数据库和 Wind 数据库。最后，为了处理变量的离群值，我们还对相关连续变量在 1% 和 99% 分位数水平上进行缩尾调整（Winsorize）。本书主要运用 Stata13.1 分析软件进行数据处理和数据分析。

二、模型设计与变量说明

本书在 Lel 和 Miller（2015）以及刘超等（2019）研究的基础上，设计了如下双重差分（DID）模型[①]：

$$\text{Tobit}(RE) = \alpha_0 + \alpha_1 Treat + \alpha_2 Treat * After + Controls + \sum IND + \sum YEAR + \varepsilon \quad (3-1)$$

其中，被解释变量如下：在我国现金股利的文献研究中多采用每股股利（RE）和每股股利支付率（RG）来衡量现金股利。这里借鉴赵玉芳（2012）、杨汉明和赵鑫露（2019）的研究方法，选择每股股利作为企业现金股利的代理变量，采用每股股利支付率来进行稳健性检验。解释变量如下：①Treat 是组别虚拟变量，表示处理组和对照组。其中处理组赋值为 1，代表实施过定向增发的企业；对照组赋值为 0，代表未实施过定向增发的企业。②After 是时间虚拟变量，在处理组中，即在实施过定向增发的企业中，定向增发当年及以后赋值为 1，反之赋值为 0。③交乘项 Treat * After 的估计系数 α_2 是我们主要关注的。若 α_2 为正，则表示定向增发后企业增加了现金股利的发放；若 α_2 为

---

① 需要强调的是，在模型（3-1）中，本书数据结构导致 After 与交乘项 Treat * After 存在完全共线性而被自动剔除，类似可参考姜付秀等（2018）和刘超等（2019）的研究，下同。

负,则表示定向增发后企业减少了现金股利的发放。

本章借鉴覃家琦等(2016)和李茂良(2017)的研究,控制变量如下:①SIZE为衡量公司规模的变量,它是由期末总资产取自然对数得到的。②LEV代表财务杠杆(资产负债率),它是由期末总负债除以期末总资产得到的。③SOE代表企业的产权性质,国有企业取值为1,否则为0。④TQ为托宾Q值,用以衡量企业的增长机会,其与每股股利和每股股利支付率一般为负相关关系(Smith和Watts,1992;Gul,1999)。⑤FCF为企业自由现金流量,本章用每股企业自由现金流量来表示,它等于(现金及现金等价物净增加额-筹资活动产生的现金流量净额)本期值/实收资本本期期末值。⑥II为股权集中度,由第一大股东持股比例来衡量。⑦ROA为企业盈利能力的代理变量,等于净利润/总资产。⑧CASH为企业的现金持有量,等于企业期末货币资金的对数。⑨BSIZE为董事会规模的代理变量,等于董事会人数。⑩DAUL为两职合一的代理变量,当董事长兼任总经理时取值为1,否则取值为0。⑪IDP为独立董事比例,等于董事会中独立董事人数比例。⑫此外在回归模型中,我们还控制了年份(Year)和行业(Ind)两方面因素,ε表示随机误差项。以上所有研究变量的详细说明见表3-1。

表3-1 本章主要变量解释说明

变量符号	变量含义	变量说明
Treat	组别虚拟变量	实施过定向增发赋值为1,反之赋值为0
After	时间虚拟变量	在处理组中,自定向增发当年及以后赋值为1,反之赋值为0
Treat * After	交乘项	Treat与After构成的交乘项,也即"差分之差分"
SIZE	公司规模	期末总资产的自然对数
LEV	资产负债率	期末总负债/期末总资产
SOE	产权性质	国有企业取1,非国有企业取0
TQ	投资机会	托宾Q值
FCF	企业自由现金流量	每股企业自由现金流量
II	股权集中度	第一大股东持股比例
ROA	盈利能力	净利润/总资产
CASH	现金持有量	企业期末货币资金的对数
BSIZE	董事会规模	董事会人数

续表

变量符号	变量含义	变量说明
DAUL	两职合一	当董事长兼任总经理时取值为1，否则取值为0
IDP	独立董事比例	董事会中独立董事人数比例
Ind	行业	表示行业的虚拟变量
Year	年份	表示年份的虚拟变量

三、描述性统计

表3-2和表3-3报告了本章主要变量的描述性统计和单变量分析结果。从表3-2中可以看出，每股现金股利均值为0.116，最小值为0.000，最大值为10.999。这在一定程度上表明目前我国上市公司股利支付水平较低，且各公司之间股利支付水平差异较大。表3-3是现金股利的单变量比较分析。可以看出无论是均值检验还是中位数检验，现金股利的衡量指标每股股利在定向增发后均小于定向增发前，但是没有通过显著性检验。进一步地，我们将样本区间限定为定向增发前后三年。此时，无论是均值检验还是中位数检验，现金股利的衡量指标每股股利在定向增发后仍然小于定向增发前，其中中位数检验通过显著性检验。这在一定程度上表明，企业在定向增发后会减少现金股利的发放。当然，定向增发与现金股利的关系还需要利用多元线性回归来做进一步分析。

表3-2 主要变量描述性统计

变量	样本数	均值	标准差	最小值	最大值
RG	16791	0.243	0.219	0.000	1.000
RE	16791	0.116	0.212	0.000	10.999
SIZE	16791	22.052	1.255	19.781	25.991
LEV	16791	0.430	0.203	0.051	0.860
SOE	16791	0.444	0.497	0.000	1.000
TQ	16791	2.260	2.217	0.065	56.125
FCF	16791	−0.220	1.360	−35.215	28.936
II	16791	36.091	15.267	0.290	89.090

续表

变量	样本数	均值	标准差	最小值	最大值
CASH	16791	20.129	1.352	12.107	26.494
ROA	16791	0.050	0.040	0.002	0.194
BSIZE	16791	8.813	1.772	0.000	18.000
DAUL	16791	0.227	0.419	0.000	1.000
IDP	16791	0.371	0.554	0.125	0.800

注：非整数数值保留到小数点后三位。

表3-3 单变量分析

	均值检验			中位数检验		
	定增前	定增后	差异	定增前	定增后	差异
每股股利（RE）	0.0998	0.0996	0.0001	0.0600	0.0560	0.0040
	定增前（-3~-1）	定增后（1~3）	差异	定增前（-3~-1）	定增后（1~3）	差异
每股股利（RE）	0.0980	0.0940	0.0040	0.0600	0.0500	0.0100***

注：非整数数值保留到小数点后四位，***、**、*分别表示在1%、5%、10%水平上统计显著。

四、相关性分析

表3-4报告了本小节主要变量的相关性分析结果。从相关性分析结果来看，交乘项 Treat * After 与企业每股现金股利系数为-0.067，且在1%的水平上显著为负。这表明上市公司在定向增发后会减少现金股利的支付。这初步证明了研究假设3-1。此外，从表3-4中主要变量的相关性分析结果可以发现，自变量之间的相关性系数较小，不存在多重共线性问题。我们还进一步进行了膨胀因子检验（VIF），发现自变量膨胀因子的均值（Mean VIF）为1.82，其中自变量最大的膨胀因子为4.90。这再次证明自变量之间不存在较为严重的多重共线性问题。

表 3-4 主要变量相关性分析

变量	RE	Treat	Treat * After	SIZE	LEV	SOE	TQ
RE	1.000						
Treat	−0.090***	1.000					
Treat * After	−0.067***	0.564***	1.000				
SIZE	0.157***	0.092*	0.311***	1.000			
LEV	−0.089***	0.133***	0.106***	0.496***	1.000		
SOE	0.012	−0.041***	−0.002	0.307***	0.297***	1.000	
TQ	0.091***	−0.106***	−0.127***	−0.432***	−0.414***	−0.227***	1.000
FCF	0.241***	−0.088***	−0.071***	−0.051***	−0.092***	0.083***	0.082***
II	0.122***	−0.030***	−0.034***	0.237***	0.084***	0.217***	−0.079***
ROA	0.440***	−0.068***	−0.097***	−0.087***	−0.398***	−0.137***	0.374***
CASH	0.236***	0.067***	0.249***	0.828***	0.285***	0.215***	−0.305***
BSIZE	0.056***	−0.004	0.012	0.264***	0.176***	0.275***	−0.170***
DAUL	−0.001	−0.004	−0.013*	−0.153***	−0.155***	−0.280***	0.125***
IDP	0.011	0.005	0.021***	0.042***	−0.026***	−0.064***	0.058***
	FCF	II	ROA	CASH	BSIZE	DAUL	IDP
FCF	1.000						
II	0.029***	1.000					
ROA	0.178***	0.084***	1.000				
CASH	0.020	0.210***	0.059***	1.000			
BSIZE	0.028***	0.041***	−0.014*	0.209***	1.000		
DAUL	−0.053***	−0.055***	0.054***	−0.091***	−0.170***	1.000	
IDP	−0.009	0.050***	−0.016**	0.057***	−0.419***	0.099***	1.000

注：***、**、*分别表示在1%、5%、10%水平上统计显著。

第四节 实证分析

一、定向增发与现金股利

表 3-5 展示了定向增发对上市公司现金股利的影响，前三列是模型（3-1）

的 Tobit 回归结果。在未控制行业和年份影响的情况下，交乘项 Treat * After 与每股现金股利呈显著负相关，如交乘项 Treat * After 系数为 -0.017（T 值为 -5.31），且在 1% 的置信水平上通过显著性检验；在控制了行业和年份的影响后发现，交乘项 Treat * After 与每股现金股利仍然呈显著负相关，如交乘项 Treat * After 系数为 -0.029（T 值为 -8.40），且在 1% 的置信水平上通过显著性检验。进一步地，我们在控制了行业和年份的影响后采用混合 OLS 回归模型，交乘项 Treat * After 与每股现金股利的相关性结果仍然稳健，如交乘项 Treat * After 系数为 -0.031（T 值为 -7.62），且在 1% 的置信水平上通过显著性检验。上述统计结果表明，上市公司在定向增发后会减少现金股利的发放。这表明在全流通市场下，从整体上看我国上市公司并不存在定向增发后大股东通过现金股利的方式实施"掏空"行为。相反，上市公司在定向增发后，反而会减少现金股利的发放。因此，大股东可能通过减少现金股利的发放，储备现金资产，从而方便日后通过其他利益输送方式进行资产转移。

表 3-5 定向增发与现金股利

变量	(1) RE	(2) RE	(3) RE	(4) RE OLS
Treat	-0.021*** (-8.69)	-0.012*** (-3.97)	-0.005* (-1.65)	-0.008** (-2.18)
Treat * After		-0.017*** (-5.31)	-0.029*** (-8.40)	-0.031*** (-7.62)
SIZE	0.016*** (7.82)	0.019*** (8.94)	0.016*** (6.91)	0.027*** (10.23)
LEV	-0.119*** (-15.22)	-0.125*** (-15.87)	-0.110*** (-13.00)	-0.060*** (-6.14)
SOE	-0.025*** (-8.99)	-0.025*** (-9.13)	-0.014*** (-4.76)	-0.007** (-1.97)
TQ	-0.012*** (-15.75)	-0.012*** (-15.42)	-0.013*** (-14.82)	-0.003** (-3.71)
FCF	0.001 (0.42)	0.001 (0.49)	-0.001 (-0.55)	0.021*** (19.72)
II	0.001*** (10.12)	0.001*** (9.57)	0.001*** (10.73)	0.001*** (6.12)
ROA	2.428*** (68.02)	2.404*** (66.98)	2.503*** (67.84)	2.159*** (50.30)

续表

变量	(1) RE	(2) RE	(3) RE	(4) RE OLS
CASH	0.030*** (18.06)	0.030*** (17.86)	0.031*** (17.51)	0.020*** (10.06)
BSIZE	0.003*** (3.21)	0.002*** (2.84)	0.004*** (4.96)	0.002** (2.46)
DAUL	0.015*** (5.19)	0.015*** (5.24)	0.012*** (4.19)	0.009*** (2.63)
IDP	−0.075*** (−3.13)	−0.080*** (−3.34)	−0.070*** (−2.95)	0.006 (0.20)
行业/年份	No	No	Yes	Yes
Constant	−0.926*** (−34.76)	−0.973*** (−34.67)	−0.971*** (−31.01)	−0.989*** (−27.01)
N	16718	16718	16718	16718
Adj. R^2/PseudoR^2	7.557	7.583	7.963	0.291

注：括号内为T统计量，***、**、*分别表示在1%、5%、10%水平上统计显著。

二、定向增发、异质性与现金股利

表3-6考察了异质性因素对定向增发后现金股利行为的影响。本章将样本按照第一大股东持股占比的中位数划分为高低两组进行分组回归。表3-6中，列（1）为高控制组，列（2）为低控制组。我们发现，在高、低控制组下，交乘项 Treat * After 的系数均为负数，且均在1%的置信区间通过显著性检验。其中，高控制组的系数−0.027要大于低控制组−0.034[①]。

进一步将样本按照不同的产权性质划分为国有企业和非国有企业进行分组回归，结果如表3-6中的列（3）和列（4）所示。可以发现，在国有企业组中，交乘项 Treat * After 的系数为−0.007，但没有通过显著性检验。在非国有企业组中，交乘项 Treat * After 的系数为−0.044，且在1%的置信区间通过显著性检验。回归结果表明，定向增发后国有企业并没有减少现金股利发

[①] 我们在参考连玉君等（2010）研究的基础上，采用费舍尔组合检验（Fisher's Permutation test）中的"经验P值"来检验组间 Treat * After 系数差异的显著性，其中"经验P值"通过自体抽样（Boot-strap）1000次得到，下同。其中表3-6中列（1）和列（2）的"经验P值"为0.125，在接近10%的水平上显著，表明组间系数存在显著差异。具体见连玉君、彭方平和苏治（2010）的研究。

放，而非国有企业则会减少现金股利发放。这可能是由于与国有企业相比较，非国有企业的融资渠道更窄，面临更高的融资约束，从而在定向增发后减少现金股利的发放。

此外，本章还按照样本每股现金股利的 3/4 分位划分为高、低两组进行分组回归[①]，结果如表 3-6 列（5）和列（6）所示。我们发现，在高分红组中，交乘项 Treat * After 的系数为 -0.014，但没有通过显著性检验。在低分红组中，交乘项 Treat * After 的系数为 -0.009，且在 1% 的置信区间通过显著性检验。回归结果表明，定向增发后高分红企业没有减少现金股利发放，而低分红企业会减少现金股利发放。由此表明，低分红企业会在定向增发实施后减少现金股利的发放。这可能是由于低分红企业一方面长期以来回报股东意识较弱，另一方面也可能是由于低分红企业大多资产质量和盈利能力一般。

表 3-6 定向增发、异质性与现金股利

变量	(1) RE 高控制组	(2) RE 低控制组	(3) RE 国企	(4) RE 非国企	(5) RE 高分红	(6) RE 低分红
Treat	-0.013*** (-2.82)	0.003 (0.83)	-0.005 (-1.04)	-0.005** (-1.06)	-0.016** (-2.35)	0.004*** (3.26)
Treat * After	-0.027*** (-5.30)	-0.034*** (-7.66)	-0.007 (-1.35)	-0.044*** (-9.39)	-0.014 (-1.86)	-0.009*** (-6.13)
SIZE	0.015*** (4.55)	0.021*** (6.84)	0.025*** (8.06)	0.012*** (3.63)	0.011** (2.23)	0.004*** (4.78)
LEV	-0.102*** (-7.85)	-0.122*** (-11.16)	-0.076*** (-6.06)	-0.116*** (-9.78)	0.027 (1.33)	-0.057*** (-16.84)
SOE	-0.017*** (-3.96)	-0.010*** (-2.73)			-0.035*** (-5.57)	-0.003*** (-2.58)
TQ	-0.012*** (-8.57)	-0.012*** (-11.26)	-0.009*** (-5.25)	-0.014** (-12.69)	-0.008*** (-3.90)	-0.005*** (-13.51)
FCF	-0.012 (-0.38)	-0.000 (-0.14)	0.004*** (3.22)	-0.004*** (-2.98)	0.009** (5.72)	-0.004*** (-9.44)

---

① 在本书的研究中，每股现金股利的中位数为 0.06，3/4 分位数为 0.15，最大值为 10.99，明显偏右。同时鉴于整体上我国股利支付水平较低，本书在参考黄荷暑、周泽将（2015）研究的基础上按照每股现金股利 3/4 分位数进行分组回归，能更好地体现股利支付水平的高低区分。

续表

变量	(1) RE 高控制组	(2) RE 低控制组	(3) RE 国企	(4) RE 非国企	(5) RE 高分红	(6) RE 低分红
II	0.000** (2.24)	0.001*** (8.26)	0.001*** (3.62)	0.001*** (10.25)	0.001*** (4.40)	0.001*** (7.59)
ROA	2.764*** (50.13)	2.147*** (44.33)	2.682*** (46.86)	2.273*** (48.67)	2.082*** (24.94)	0.590*** (34.01)
CASH	0.033*** (12.7)	0.027*** (11.57)	0.023*** (9.24)	0.035*** (14.23)	0.031*** (7.86)	0.008*** (10.72)
BSIZE	0.003** (2.30)	0.005*** (4.96)	0.002* (1.92)	0.007** (5.37)	0.001 (0.76)	0.001*** (3.91)
DAUL	0.014*** (3.00)	0.010*** (2.76)	0.018*** (3.11)	0.006*** (1.72)	0.007 (1.21)	0.005*** (3.79)
IDP	−0.131*** (−3.80)	0.010 (0.30)	−0.153*** (−4.72)	0.036 (1.00)	−0.012 (−0.23)	−0.035*** (−3.58)
行业/年份	Yes	Yes	Yes	Yes	Yes	Yes
Constant	−0.934*** (−21.13)	−1.087*** (−23.79)	−0.985*** (−24.23)	−1.083*** (−20.71)	−0.685*** (−10.12)	−0.233*** (−17.44)
N	8356	8362	7394	9324	4357	12361
Pseudo R^2	3.8812	−7.295	4.960	23.965	−1.022①	−0.173

注：括号内为T统计量，***、**、*分别表示在1%，5%，10%水平上统计显著。

三、稳健性检验

（一）替换被解释变量

依据本章前面的（3-1）DID模型设计，我们用每股股利支付率来替换被解释变量每股现金股利，并重新进行回归，结果见表3-7和表3-8。

从表3-7可以看出，在列（1）、（2）、（3）的Tobit模型中交乘项Treat*After的系数均显著为负。此外在混合OLS回归模型中，交乘项Treat*After的系数仍然显著为负。这与前文的分析结论基本一致。从表3-8可以看出，按照大股东控制权进行分组后，两组交乘项Treat*After系数显著为负，

---

① 在Tobit模型中Pseudo R^2是伪R^2，允许出现负值。类似可以参考刘宝华和王雷（2018）的研究。

其中高控制组系数−0.022大于低控制组系数−0.038。按照产权性质分组回归时，国有企业的交乘项 Treat * After 系数没有通过显著性检验，非国有企业的交乘项 Treat * After 系数显著为负。按照股利支付率（RG）高低（3/4分位）分组回归时，高分红企业的交乘项 Treat * After 系数显著为正，低分红企业的交乘项 Treat * After 系数显著为负，即现金股利的减少行为仅在低分红企业中出现的结论不变。由此可见，上述回归结果均与前文基本一致。鉴于此，本章所得结论具有稳健性。

表3-7　定向增发与现金股利——稳健性检验1

变量	(1) RG	(2) RG	(3) RG	(4) RG OLS
Treat	−0.031*** (−7.28)	−0.023*** (−4.43)	−0.014** (−2.54)	−0.017** (−3.93)
Treat * After	−0.015*** (−2.57)	−0.030*** (−5.12)	−0.025*** (−5.27)	
SIZE	0.009** (2.49)	0.011*** (3.07)	0.004 (0.93)	0.001 (0.37)
LEV	−0.417*** (−30.79)	−0.423*** (−30.82)	−0.392*** (−26.57)	−0.291*** (−25.90)
SOE	−0.046*** (−9.73)	−0.047*** (−9.79)	−0.033*** (−6.84)	−0.027*** (−7.05)
TQ	−0.015*** (−11.65)	−0.014*** (−11.49)	−0.016*** (−11.10)	−0.008** (−7.99)
FCF	−0.001 (−0.75)	−0.001 (−0.72)	−0.003* (−1.92)	0.001 (0.55)
II	0.002*** (12.37)	0.002*** (12.07)	0.002*** (12.87)	0.001*** (13.15)
ROA	0.424*** (6.82)	0.404*** (6.47)	0.553*** (8.64)	0.107** (2.18)
CASH	0.033*** (11.42)	0.033*** (11.33)	0.036*** (11.75)	0.024*** (10.48)
BSIZE	0.009*** (6.50)	0.009*** (6.31)	0.011*** (7.86)	0.009** (8.21)
DAUL	0.016*** (3.03)	0.016*** (3.05)	0.011** (2.12)	0.006 (1.54)

续表

变量	(1) RG	(2) RG	(3) RG	(4) RG OLS
IDP	−0.141*** (−3.38)	−0.145*** (−3.47)	−0.130*** (−3.13)	−0.094 (−2.91)
行业/年份	No	No	Yes	Yes
Constant	−0.516*** (−11.11)	−0.556*** (−11.35)	−0.532*** (−9.72)	−0.212*** (−5.07)
N	16718	16718	16718	16718
Adj. R^2/Pseudo R^2	0.210	0.211	0.241	0.120

注：括号内为 T 统计量，***、**、* 分别表示在 1%，5%，10%水平上统计显著。

表 3-8　定向增发、异质性与现金股利——稳健性检验 1

变量	(1) RG 高控制组	(2) RG 低控制组	(3) RG 国企	(4) RG 非国企	(5) RG 高分红	(6) RG 低分红
Treat	−0.036*** (−4.90)	0.004 (0.49)	−0.009 (−1.08)	−0.014* (−1.89)	−0.026*** (−3.98)	0.006 (3.26)
Treat * After	−0.022*** (−2.47)	−0.038** (−4.70)	−0.008 (−0.85)	−0.047*** (−5.76)	0.018** (2.30)	−0.021*** (−6.13)
SIZE	0.011** (2.02)	0.001 (0.07)	0.029*** (5.36)	−0.017*** (−2.88)	−0.008* (−1.76)	0.004 (4.78)
LEV	−0.361*** (−17.47)	−0.422*** (−19.67)	−0.419*** (−18.66)	−0.332*** (−16.51)	−0.027 (−1.39)	−0.186*** (−16.84)
SOE	−0.038*** (−5.40)	−0.033*** (−4.67)			−0.029*** (−4.69)	−0.003 (−2.58)
TQ	−0.008 (−3.80)	−0.021*** (−10.14)	−0.012*** (−4.37)	−0.018*** (−9.94)	0.001 (0.39)	−0.012*** (−13.51)
FCF	−0.002 (−0.85)	−0.003 (−1.16)	−0.005** (−2.35)	0.001 (0.64)	0.001 (0.28)	−0.005*** (−9.44)
II	0.001*** (3.55)	0.003*** (7.77)	0.001*** (6.87)	0.002*** (9.93)	0.001*** (3.98)	0.001*** (7.59)
ROA	0.363*** (4.15)	0.678*** (7.14)	0.495*** (4.85)	0.586*** (7.06)	−0.467*** (−6.03)	0.967*** (34.01)

续表

变量	(1) RG	(2) RG	(3) RG	(4) RG	(5) RG	(6) RG
	高控制组	低控制组	国企	非国企	高分红	低分红
CASH	0.030*** (7.35)	0.041*** (9.00)	0.016*** (3.49)	0.050*** (12.04)	0.008** (2.11)	0.023*** (10.72)
BSIZE	0.009*** (4.74)	0.014*** (6.63)	0.009* (4.97)	0.013* (5.72)	0.001 (0.51)	0.005*** (3.91)
DAUL	0.013* (1.76)	0.008 (1.19)	0.014 (1.34)	0.005 (0.77)	0.002 (0.37)	0.012*** (3.79)
IDP	−0.129** (−2.35)	−0.097 (−1.51)	−0.119** (−2.06)	−0.121** (−1.98)	0.019 (0.36)	−0.089*** (−3.58)
行业/年份	Yes	Yes	Yes	Yes	Yes	Yes
Constant	−0.445*** (−6.32)	−0.737*** (−8.17)	−0.635*** (−8.72)	−0.501*** (−5.59)	0.618*** (9.30)	−0.525*** (−17.44)
N	8356	8362	7394	9324	4183	12535
Pseudo R²	0.252	0.250	0.229	0.289	−0.047	2.880

注：括号内为 T 统计量，***、**、* 分别表示在 1%，5%，10% 水平上统计显著。

（二）限定窗口期

在本章（3-1）DID 模型中，After 变量定义为定向增发当年及以后年份取值为 1，否则为 0。在此，我们将 After 变量重新定义为定向增发后三年取值为 1，定向增发前三年取值为 0，并重新进行回归，这样可以避免由于时间窗口过长而混入其他因素的干扰。回归结果见表 3-9 和表 3-10。从表 3-9 可以看出，在前三列的 Tobit 模型中交乘项 Treat * After 系数均显著为负。此外在混合 OLS 回归模型中，交乘项 Treat * After 系数仍然显著为负。这与前文的分析结论基本一致。从表 3-10 可以看出，按照大股东控制权分组回归时，高控制组和低控制组的交乘项 Treat * After 系数在 1% 的水平上显著为负，且高控制组的系数−0.018 要大于低控制组−0.041。按照产权性质分组回归时，国有企业的交乘项 Treat * After 系数没有通过显著性检验，非国有企业的交乘项 Treat * After 系数显著为负。按照每股现金股利高低（3/4 分位）分组回归时，高分红企业的交乘项 Treat * After 系数没有通过显著性检验，低分红企业的交乘项 Treat * After 系数显著为负。鉴于此，本章所得结论具有稳健性。

表 3-9 定向增发与现金股利——稳健性检验 2

变量	(1) RE	(2) RE	(3) RE	(4) REOLS
Treat	−0.021*** (−8.69)	−0.011*** (−3.09)	−0.012*** (−3.37)	−0.017*** (−3.57)
Treat * After		−0.025*** (−5.83)	−0.027*** (−6.00)	−0.028*** (−4.85)
SIZE	0.016*** (7.82)	0.019*** (7.76)	0.016*** (6.08)	0.032*** (9.32)
LEV	−0.119*** (−15.22)	−0.120*** (−12.61)	−0.104*** (−10.19)	−0.048*** (−3.75)
SOE	−0.025*** (−8.99)	−0.031*** (−9.31)	−0.018*** (−5.05)	−0.011** (−2.39)
TQ	−0.012*** (−15.75)	−0.012*** (−13.08)	−0.012*** (−12.13)	−0.002 (−1.64)
FCF	0.001 (0.42)	0.003 (2.68)	0.002* (1.68)	0.031*** (22.14)
II	0.001*** (10.12)	0.001*** (9.10)	0.001*** (10.20)	0.001*** (5.41)
ROA	2.428*** (68.02)	2.408*** (56.90)	2.511*** (57.85)	2.203*** (40.26)
CASH	0.030*** (18.06)	0.030*** (15.05)	0.031*** (14.74)	0.019*** (7.53)
BSIZE	0.003*** (3.21)	0.002** (2.55)	0.004*** (4.68)	0.003** (2.12)
DAUL	0.015*** (5.19)	0.017*** (4.94)	0.012*** (3.91)	0.011** (2.39)
IDP	−0.075*** (−3.13)	−0.096*** (−3.27)	−0.080*** (−2.74)	0.018 (0.48)
行业/年份	No	No	Yes	Yes
Constant	−0.926*** (−34.76)	−0.990*** (−29.82)	−1.013*** (−26.98)	−1.112*** (−23.57)
N	16718	11721	11721	11721
Adj R²/Pseudo R²	7.557	5.372	5.661	0.296

注：括号内为 T 统计量，***、**、* 分别表示在 1%、5%、10% 水平上统计显著。

表 3-10　定向增发、异质性与现金股利——稳健性检验 2

变量	(1) RE 高控制组	(2) RE 低控制组	(3) RE 国企	(4) RE 非国企	(5) RE 高分红	(6) RE 低分红
Treat	−0.023*** (−4.37)	−0.001 (−0.10)	−0.010* (−1.82)	−0.012** (−2.51)	−0.028*** (−3.46)	0.003* (1.93)
Treat * After	−0.018*** (−2.74)	−0.041*** (−6.87)	−0.003 (−0.43)	−0.044*** (−7.17)	−0.012 (−1.11)	−0.006*** (−3.55)
SIZE	0.018*** (4.52)	0.021*** (5.70)	0.025*** (6.66)	0.014*** (3.32)	0.011* (1.83)	0.004*** (3.27)
LEV	−0.099*** (−6.39)	−0.114*** (−8.67)	−0.077*** (−5.11)	−0.102*** (−7.21)	0.034 (1.42)	−0.057*** (−14.49)
SOE	−0.024*** (−4.55)	−0.011** (−2.46)			−0.031*** (−4.05)	−0.003** (−2.18)
TQ	−0.011*** (−6.55)	−0.012*** (−9.54)	−0.009*** (−4.38)	−0.013** (−10.47)	−0.009*** (−3.77)	−0.005*** (−11.50)
FCF	0.002*** (1.42)	0.002 (1.17)	0.006*** (4.39)	−0.002 (−1.01)	0.011*** (6.07)	−0.004*** (−7.73)
II	0.001** (2.74)	0.001*** (4.72)	0.001*** (3.46)	0.001*** (9.84)	0.001*** (4.22)	0.001*** (8.00)
ROA	2.778*** (43.33)	2.136*** (37.12)	2.670*** (39.05)	2.413*** (42.35)	2.164*** (21.86)	0.584*** (29.33)
CASH	0.031*** (9.99)	0.029*** (10.35)	0.025*** (8.32)	0.033*** (11.24)	0.030*** (6.58)	0.008*** (9.62)
BSIZE	0.004* (2.71)	0.005*** (3.98)	0.002* (1.70)	0.008*** (5.33)	0.001 (0.59)	0.001*** (3.74)
DAUL	0.018** (3.33)	0.008* (1.79)	0.025*** (3.55)	0.005 (1.26)	0.009 (1.31)	0.006*** (4.01)
IDP	−0.137*** (−3.30)	−0.006 (−0.16)	−0.188*** (−4.63)	0.053 (1.21)	−0.037 (−0.60)	−0.034** (−2.86)
行业/年份	Yes	Yes	Yes	Yes	Yes	Yes
Constant	−0.994*** (−19.01)	−1.120*** (−20.09)	−1.030*** (−20.95)	−1.114*** (−17.63)	−0.721*** (−8.80)	−0.222*** (−14.28)
N	5918	8701	5144	6577	3144	8577
Pseudo R^2	3.833	−23.199	4.075	9.981	−1.341	−0.180

注：括号内为 T 统计量，***、**、* 分别表示在 1%、5%、10%水平上统计显著。

（三）PSM－DID 回归模型

为了进一步缓解选择偏差和内生性问题，本章采取倾向得分匹配（propensity score matching，PSM）方法。参考杨星等（2016）和刘超等（2019）的研究，我们选择以下变量作为影响企业实施定向增发的协变量：第一大股东持股比例（II）、盈利能力（ROA）、公司规模（SIZE）、资产负债率（LEV）、账面市值比（BM）。以企业是否实施定向增发为因变量进行 Logit 回归，再按照定向增发前一年的协变量信息采取 1：1 无回置最近邻匹配，并进行平衡性检验。表 3－11 报告了匹配后的平衡性检验结果。从表 3－11 中可以看出，匹配后所有协变量的标准化偏差均相较匹配前大幅减少，且匹配后样本偏差均小于 5%，同时所有 T 检验的结果均不拒绝处理组与对照组无系统差异的原假设，这显示所有协变量都通过了平衡性检验。

通过 PSM 可以有效消除样本的选择偏差，但仍需将 PSM 结果带入双重差分模型中进行再次回归。PSM－DID 回归结果见表 3－12 和表 3－13。从表 3－12可以看出，在列（2）和列（3）的 Tobit 模型中交乘项 Treat * After 系数均显著为负。此外在列（4）的混合 OLS 回归模型中，交乘项 Treat * After 系数也显著为负。这与前文的分析结论基本一致。从表 3－13 可以看出，按照大股东控制权分组回归时，尽管两组交乘项 Treat * After 系数都显著为负，但高控制组系数－0.013 大于低控制组系数－0.026。按照产权性质分组回归时，国有企业组的交乘项 Treat * After 系数没有通过显著性检验，非国有企业组的交乘项 Treat * After 系数显著为负。按照每股现金股利高低（3/4 分位）分组回归时，高分红企业组的交乘项 Treat * After 系数没有通过显著性检验，低分红企业组的交乘项 Treat * After 系数显著为负。PSM－DID 回归模型也表明本章的结论较为稳健。

表 3－11 平衡性检验结果——稳健性检验 3（PSM－DID）

协变量		均值		标准化偏差（%）	T 检验	
		处理组	对照组		T 值	P 值
L1.II	匹配前	36.5	37.124	－4.0	－2.16	0.031
	匹配后	36.5	36.580	－0.5	－0.32	0.747
L1.ROA	匹配前	0.05139	0.05723	－14.3	－7.74	0.000
	匹配后	0.05139	0.0508	1.4	0.94	0.346

续表

协变量		均值		标准化偏差（%）	T检验	
		处理组	对照组		T值	P值
L1. SIZE	匹配前	22.064	21.943	9.7	5.21	0.000
	匹配后	22.064	22.073	−0.7	−0.43	0.668
L1. LEV	匹配前	0.44992	0.39232	28.4	15.24	0.000
	匹配后	0.44992	0.45056	−0.3	−0.20	0.840
L1. BM	匹配前	0.5114	0.49297	7.4	3.96	0.000
	匹配后	0.5114	0.5156	−1.7	−1.04	0.298

表3−12 定向增发与现金股利——稳健性检验3（PSM−DID）

变量	(1) RE	(2) RE	(3) RE	(4) RE OLS
Treat	−0.012*** (−3.70)	−0.007* (−1.84)	−0.003 (−0.81)	−0.011*** (−2.56)
Treat * After		−0.008** (−2.08)	−0.018*** (−4.52)	−0.022*** (−5.07)
L1. II	0.001*** (4.25)	0.001*** (4.11)	0.001*** (5.63)	0.001*** (3.70)
L1. ROA	1.949*** (42.71)	1.935*** (42.00)	1.9926*** (41.16)	1.869*** (35.73)
L1. SIZE	0.047*** (29.13)	0.049 (28.16)	0.050*** (25.85)	0.051*** (24.17)
L1. LEV	−0.106*** (−10.87)	−0.108*** (−11.01)	−0.085*** (−7.98)	−0.042*** (−3.73)
L1. BM	0.019** (2.35)	0.016* (1.92)	0.011 (1.03)	−0.034*** (−2.98)
行业/年份	No	No	Yes	Yes
Constant	−1.029*** (−32.22)	−1.052*** (−31.14)	−1.135*** (−28.90)	−1.089*** (−25.64)
N	10754	10754	10754	10754
Adj R^2/Pseudo R^2	−3.425	−3.430	−3.719	0.240

注：括号内为T统计量，***、**、*分别表示在1%、5%、10%水平上统计显著。

表3-13 定向增发、异质性与现金股利——稳健性检验3（PSM-DID）

变量	(1) RE	(2) RE	(3) RE	(4) RE	(5) RE	(6) RE
	高控制组	低控制组	国企	非国企	高分红	低分红
Treat	−0.015** (−2.44)	0.008 (1.52)	−0.008 (−1.46)	−0.001 (−0.10)	−0.012 (−1.36)	0.005*** (3.47)
Treat * After	−0.013** (−2.21)	−0.026*** (−4.92)	−0.002 (−0.30)	−0.031*** (−5.42)	−0.017 (−1.87)	−0.003*** (−2.59)
L1.II	−0.000 (−0.76)	0.001*** (2.93)	0.000* (1.72)	0.001*** (6.27)	0.001*** (2.67)	0.001*** (4.32)
L1.ROA	2.232*** (29.65)	1.682*** (27.50)	2.256*** (31.28)	1.790*** (27.00)	1.676*** (15.74)	0.406*** (18.96)
L1.SIZE	0.049*** (17.66)	0.055*** (20.00)	0.048*** (19.31)	0.056*** (17.60)	0.042*** (10.67)	0.012*** (13.44)
L1.LEV	−0.091*** (−5.56)	−0.089*** (−6.48)	−0.068*** (−4.38)	−0.084*** (−5.50)	0.049** (2.02)	−0.046*** (−10.91)
L1.BM	0.006 (0.36)	0.012 (0.85)	0.003 (0.21)	0.017 (1.03)	−0.052** (−2.22)	0.016*** (4.23)
行业/年份	Yes	Yes	Yes	Yes	Yes	Yes
Constant	−1.050*** (−18.82)	−1.275*** (−22.55)	−1.078*** (−21.41)	−1.283*** (−19.82)	−0.744*** (−9.29)	−0.256*** (−15.50)
N	5344	5410	5081	5736	2790	7964
Pseudo R^2	−17.58	−1.567	−7.987	−2.400	−0.711	−0.093

注：括号内为T统计量，***、**、* 分别表示在1%、5%、10%水平上统计显著。

第五节　进一步分析

一、定向增发与过度分红

谢德仁和林乐（2013）认为当企业的现金股利超过企业的经营现金流的时候属于"庞氏分红"，亦属于过度分红，这样的现金股利行为会对企业正常生产经营活动产生不良影响。为了进一步检验在定向增发后大股东是否会通过过度分红的方式实施"掏空"行为，我们还研究了定向增发后的过度分红行为。

其中过度分红（GDFH1 和 GDFH2）为哑变量。参考杨宝等（2016）的研究，当公司每股现金股利高于每股自由现金流时 GDFH1 取 1，否则取 0。此外，我们还参考谢德仁和林乐（2013）的定义，当公司每股现金股利高于每股经营自由现金流时 GDFH2 取 1，否则取 0，以使研究结果更加稳健。回归结果如表 3-14 所示。结果显示，表 3-14 中列（1）交乘项 Treat * After 系数为 -0.002，没有通过显著性检验。这表明定向增发后，大股东并不存在通过过度分红以"掏空"上市公司的行为。表 3-14 中列（2）GDFH2 以公司每股现金股利高于每股经营自由现金流来衡量过度分红行为，可以看出交乘项 Treat * After 系数为 0.065，仍然没有通过显著性检验。进一步地，我们将时间窗口限定为定向增发前后三年，再进行回归分析。同样，交乘项 Treat * After 系数仍然没有通过显著性检验。这充分证实了研究结论的稳健性。

表 3-14 定向增发与过度分红

变量	（1）Logit GDFH1	（2）Logit GDFH2	（3）Logit GDFH1（定增前后三年）	（4）Logit GDFH2（定增前后三年）
Treat	0.314*** (7.12)	0.029 (0.59)	0.247*** (4.87)	-0.001 (-0.02)
Treat * After	-0.002 (-0.03)	0.065 (1.20)	0.034 (0.52)	0.079 (1.12)
SIZE	0.401*** (12.59)	-0.011 (-0.32)	0.406*** (10.94)	-0.002 (-0.05)
LEV	-0.902*** (-7.69)	0.262** (2.02)	-0.483*** (-3.53)	0.349** (2.27)
SOE	-0.605*** (-15.28)	-0.206*** (-4.70)	-0.622*** (-13.03)	-0.241*** (-4.50)
TQ	0.004 (0.43)	0.025** (2.31)	-0.003 (-0.24)	0.034*** (2.86)
II	-0.000 (-0.02)	0.002 (1.37)	0.001 (1.28)	0.003* (1.69)
ROA	-6.109*** (-12.18)	-9.06*** (-14.47)	-4.724*** (-8.18)	-9.29*** (-12.62)
CASH	-0.252*** (-10.21)	-0.117*** (-4.36)	-0.288*** (-9.98)	-0.128*** (-4.02)

续表

变量	(1) Logit GDFH1	(2) Logit GDFH2	(3) Logit GDFH1 （定增前后三年）	(4) Logit GDFH2 （定增前后三年）
BSIZE	0.023** (2.04)	−0.014 (−1.10)	0.024* (1.77)	−0.034** (−2.17)
DAUL	0.286*** (6.70)	0.095** (2.11)	0.288*** (5.76)	0.066 (1.22)
IDP	0.149 (0.44)	0.139 (0.37)	0.164 (0.40)	−0.080 (−0.17)
行业/年份	Yes	Yes	Yes	Yes
Constant	−2.715*** (−6.24)	1.739*** (3.49)	−2.393*** (−4.73)	2.069*** (3.50)
N	16718	16718	11718	11718
Pseudo R^2	0.052	0.074	0.051	0.080

注：括号内为T统计量，***、**、*分别表示在1％、5％、10％水平上统计显著。

二、定向增发、现金股利与会计业绩

前文的研究结果表明，整体上来看定向增发后不存在大股东利用现金股利实施"掏空"行为。有一个问题值得进一步思考：众多学者研究发现股权再融资后出现企业业绩下滑的现象，即"SEO业绩之谜"。王秉阳（2017）的研究表明，定向增发之后的代理问题推动了经营业绩的下滑，这是定向增发存在"SEO业绩之谜"的根本原因。同时众多学者的研究表明，现金股利具备信号传递效应（Nissim et al.，2001；Jensen et al.，2010；Baker et al.，2016），同时在公司治理中具备缓解代理冲突的效应（肖珉，2010；孔东民和冯曦，2012；韩云，2017）。尽管众多研究表明现金股利既存在信号传递也存在公司治理作用（杨熠和沈艺峰，2004），但本书认为现金股利对企业产生的积极作用与其本身的信号作用并不矛盾。由于现金股利对公司存在广泛影响，也存在一些难以观察到的作用路径，因此，将这些影响归集为一个总体：无论是信号效应还是治理效应，最终一定体现在公司的财务业绩上。据此本书认为，如果股利信号中不存在企业盈利的信息内涵，则信号传递效应和治理效应也就无从谈起。如果现金股利具备提高公司财务业绩的作用，则说明现金股利传递了内部信号。为此，我们建立了如下具备双重差分的多元回归模型：

$$ROA = \gamma_0 + \gamma_1 Treat + \gamma_2 Treat * After + \gamma_3 Treat * After * RE$$
$$+ \gamma_4 RE + Controls + \sum IND + \sum YEAR + \varepsilon \qquad (3-2)$$

其中，ROA 为企业的总资产收益率，代表企业的财务业绩，我们还采用了净资产收益率（ROE）来进行稳健性检验。Treat * After * RE 是双重差分与每股股利的交乘项，以此考察现金股利对定向增发与企业业绩关系的调节效应。其余控制变量均与模型（3-1）保持一致，相关的变量定义和度量方式在此不再赘述。

表 3-15 主要报告了双重差分项与现金股利的交乘项对企业业绩影响的实证分析结果。经分析发现，交乘项 Treat * After 与企业业绩 ROA（ROE）间呈负相关，并在 1% 的置信水平上通过了显著性检验。这表明企业定向增发后确实出现了财务业绩下滑的现象。在加入现金股利的交乘项后，交乘项 Treat * After * RE 与企业业绩 ROA（ROE）呈正相关，并在 1% 的置信水平上通过显著性检验。这表明现金股利在一定程度上缓解了定向增发后企业财务业绩下滑问题，说明现金股利在定向增发中仍然存在信号传递（治理）效应。为了进一步缓解企业现金股利与财务绩效之间的内生性，我们还将每股股利 RE 滞后一期（L1.RE），再次进行回归。在对现金股利滞后一期后考察发现，交乘项 Treat * After * L1.RE 与企业业绩 ROA（ROE）仍然呈正相关，并在 1% 的置信水平上通过了显著性检验。这表明本研究结果是稳健的。

表 3-15 定向增发、现金股利与财务业绩

变量	(1) ROA	(2) ROA	(3) ROE	(4) ROE	(5) ROA	(6) ROE
Treat	0.003*** (4.19)	0.003*** (4.36)	0.005*** (4.17)	0.005*** (4.20)	0.004*** (4.99)	0.007*** (5.22)
Treat * After	−0.006*** (−7.48)	−0.006*** (−7.72)	−0.009*** (−7.35)	−0.012*** (−9.04)	−0.006*** (−6.68)	−0.012*** (−7.49)
Treat * After * RE		0.029*** (10.03)		0.069*** (13.47)		
RE		0.056*** (42.89)		0.092*** (39.54)		
Treat * After * L1.RE					0.019*** (5.19)	0.046*** (7.16)
L1.RE					0.051*** (31.24)	0.084*** (29.16)
SIZE	0.006*** (12.08)	0.003*** (7.25)	0.009*** (11.33)	0.005*** (6.56)	0.003*** (6.35)	0.006*** (5.76)

续表

变量	(1) ROA	(2) ROA	(3) ROE	(4) ROE	(5) ROA	(6) ROE
LEV	−0.073*** (−43.21)	−0.059*** (−37.36)	0.027*** (8.95)	0.050*** (17.65)	−0.066*** (−33.55)	0.039*** (10.99)
SOE	−0.008*** (−13.55)	−0.007*** (−11.86)	−0.016*** (−15.22)	−0.014*** (−13.70)	−0.006*** (−9.39)	−0.013*** (−10.82)
TQ	0.007*** (45.88)	0.006*** (43.90)	0.011*** (42.98)	0.009*** (40.78)	0.006*** (35.05)	0.009*** (32.16)
FCF	0.004*** (19.66)	0.002*** (11.30)	0.006*** (18.48)	0.003*** (10.56)	0.003*** (12.98)	0.005*** (12.83)
II	0.001*** (9.93)	0.001*** (6.82)	0.006*** (10.17)	0.001*** (7.13)	0.001*** (4.51)	0.001*** (4.94)
CASH	0.005*** (14.18)	0.003*** (9.39)	0.009*** (13.92)	0.006*** (9.26)	0.004*** (9.04)	0.007*** (9.16)
BSIZE	−0.001 (−0.30)	−0.001 (−1.12)	−0.001 (−0.90)	−0.001* (−1.70)	−0.001 (−1.15)	−0.001 (−1.49)
DAUL	0.001 (0.15)	−0.001 (−0.78)	0.001 (0.73)	−0.001 (−0.10)	−0.001 (−0.68)	0.001 (0.12)
IDP	−0.039*** (−7.72)	−0.034*** (−7.19)	−0.066*** (−7.25)	−0.057*** (−6.66)	−0.039*** (−6.86)	−0.065*** (−6.37)
行业/年份	Yes	Yes	Yes	Yes	Yes	Yes
Constant	−0.145*** (−22.35)	−0.062*** (−9.97)	−0.307*** (−26.33)	−0.161*** (−14.36)	−0.069*** (−9.11)	−0.179*** (−13.32)
N	16718	16718	16718	16718	12119	12119
Adj. R^2	0.336	0.427	0.204	0.308	0.401	0.272

注：括号内为 T 统计量，***、**、* 分别表示在 1%、5%、10%水平上统计显著。

第六节 本章小结

随着我国社会主义市场经济的发展，政府越来越重视直接融资在企业融资渠道中的重要作用。上市公司通过股权再融资可以募集大量的资金，从而有力地支持企业的发展。但上市公司在定向增发后，却出现了减少现金股利分配的行为。这无疑会导致"重融资、轻回报"现象的产生，给投资者留下再融资就是"圈钱"的不良印象。随着我国经济进入新常态，经济结构进一步调整，需要资本市场为实体经济提供更强有力的支持，但如果企业的发展不能更好地回报投资者，那么必然会限制资本市场在资源配置中的作用。因此，本章从理论和实证方面探讨了我国上市公司定向增发后的现金股利行为及其影响。

本章回归分析的主要结论有：①上市公司在定向增发后会减少现金股利的发放。②在高股权控制组和低股权控制组中，均出现了定向增发后减少现金股利发放的现象。相对于高股权控制组，低股权控制组定向增发后会减少更多的现金股利发放。③相对于非国有企业，国有企业在定向增发后没有减少现金股利的发放。④相对于高分红企业，低分红企业在定向增发后会减少现金股利的发放。

此外，本章还发现：①定向增发后，大股东没有实施过度分红的现金股利行为。②定向增发后，上市公司普遍出现业绩下滑的现象。而现金股利对于这种业绩下滑现象具有正向调节效应。这表明在定向增发中企业的现金股利仍然具有信号（治理）效应，也再次证明了现金股利不是大股东利益输送的手段。我们认为，如果定向增发中的现金股利具备利益输送性质的话，那么现金股利一定会传递企业盈利能力下降的信号。

本章的研究结论具有重要的启示意义。首先，与部分学者的研究结论有所不同，处于经济转型期和具备新兴市场特征的我国资本市场，从整体上看定向增发中大股东没有通过现金股利的方式来"掏空"上市公司，上市公司在定向增发后反而会减少现金股利的发放。其次，上市公司定向增发后出现了业绩下滑的现象，而现金股利在定向增发中具备信号（治理）效应，其有助于帮助投资者更好地判断上市公司定向增发后企业的业绩状况。最后，本章研究结论也为监管部门的分红管制政策提供了理论支撑和实证支持，充分证明了现阶段现金股利仍是企业回馈投资者的重要方式之一。监管部门在防止定向增发企业出现过度分红的前提下，亦需要鼓励、支持定向增发企业正常的现金股利行为。这既有助于改善资本市场在投资者心中长期存在的"重融资、轻回报"的不良形象，也有助于更好地缓解定向增发后产生的信息不对称问题。因此，监管部门在现阶段需要考虑的是如何辅之以必要的监管手段和政策引导措施，在充分发挥股市融资功能，更好地服务于我国实体经济的同时，合理地回馈投资者，增强投资者的信心，促进我国资本市场健康稳定发展。

第四章 定向增发与大股东资金占用：基于现金股利治理效应的视角

第一节 问题的提出

随着我国社会主义市场经济的发展，政府越来越重视直接融资在企业融资渠道中的重要作用。2015年12月21日中央经济工作会议提出要尽快形成融资功能完备、基础制度扎实、市场监管有效、投资者合法权益得到充分保障的股票市场，其中将加强股市融资功能放在了首位。2019年11月初证监会发布再融资政策修订的征求意见稿，其中提出拟将折价率上升、锁定期缩短、不受减持新规限制等措施，再融资政策进一步得到放松，曾经拥有超万亿规模的定向增发市场有望再度迎来黄金时代。但是，同时我们也应该注意到由于我国资本市场存在相关法律制度不完善、上市公司普遍"一股独大"的股权现象以及上市公司内部控制水平参差不齐等，定向增发中往往伴随着大股东的利益输送行为，这一现象已经被众多学者（Cronqvist和Nilsson，2005；Baek et al.，2006；章卫东等，2017）的研究证实。然而大部分研究主要集中在定向增发前的发行折价率、盈余管理和定向增发过程中的资产注入，而对于定向增发后的大股东利益输送行为的研究较少，亦鲜有文献研究现金股利在定向增发中对利益输送行为的识别和治理作用。

资金占用是大股东实施利益输送的重要方式之一。早在2002年，沪深交易所就曾普查过当时的1175家上市公司，发现有676家公司存在大股东资金占用。随着监管部门监管力度的加强和上市公司治理能力的提升，上市公司大股东资金占用问题与2002年相比已有较大改善。近些年来，随着我国经济进入新常态、宏观信贷环境的紧缩以及国家层面去杠杆政策的实施，一些上市公司大股东在上市公司外拥有大量的体外资产，加上由于前期扩张过快，面临融资难、资金链断裂等问题，一些大股东开始打起上市公司的主意。2019 年 5 月 11 日，中国证监会主席易会满在中国上市公司协会 2019 年年会暨第二届理事会第七次会议上表示，自 2019 年，共计有 28 家上市公司及相关主体受到证监会立案调查，其中涉及资金占用 13 家次。以"资金占用"为关键词搜索上市公司公告后发现，2019 年下半年共有 271 家上市公司发布过有关控股股东、关联方资金占用的相关公告。

众多学者的研究表明，大股东资金占用会对经济宏微观层面产生严重不良后果。例如 Johnson et al.（2000）和 Bertrand et al.（2002）认为大股东资金占用会降低整个经济透明度。Morck et al.（2000）和 Wurgler（2000）的研究发现大股东的"掏空"行为降低了资本市场的资源配置效率。林润辉等（2015）的研究结果表明，大股东资金占用会对上市公司的经营绩效造成不利影响。梁上坤和陈冬华（2015）发现大股东资金占用越多，管理层人员变更的可能性越大，会给企业经营发展带来不稳定性。姚文韵和沈永建（2017）的研究表明，大股东的资金占用程度越高，越容易给公司股价带来暴跌风险。为了治理定向增发中的大股东利益输送行为，证监会已出台了一系列制度规定[①]，最终目的就是更好地保护中小投资者的利益，维护资本市场的正常秩序。但相较于资本市场中定向增发的火热形势，学术界对定向增发中大股东利益输送及治理的相关理论和实证研究较少，监管部门针对定向增发中一些乱象的相关政策效果也有待检验和完善。因此，如何更好地规范定向增发中大股东的行为，使得定向增发成为资本市场资源配置功能的有效工具，将是下一步监管层迫切需要重点关注和解决的课题。这也就使得研究大股东主导下的定向增发的利益输送问题，特别是帮助投资者识别大股东在定向增发中的利益输送行为以及更好地对定向增发中出现的乱象进行有效治理，显得尤为迫切。

本章试图以我国 A 股上市公司 2007—2017 年的数据为样本，采用双重差分（DID）和 PSM 倾向匹配分析等方法，探究股权分置改革后有再融资需求的企业在定向增发中的大股东资金占用行为。研究发现，在定向增发后，大股东对上市公司的资金占用行为显著增加。在此基础上，本章还分别从内部控制水平、产权性质、现金股利水平等方面探讨了定向增发后大股东资金侵占行为的差异。结果显示，上市公司内部控制水平的提升能够显著地抑制大股东在定向增发后的资金占用行为；相较于国有企业，非国有企业大股东在定向增发后

---

① 如《上市公司证券发行管理办法》《关于上市公司做好非公开发行股票的董事会、股东大会决议有关注意事项的函》和《上市公司非公开发行股票实施细则》等。

现金股利、大股东资金占用与企业业绩的关系研究
——基于定向增发视角

的资金占用行为更加强烈；在高分红水平企业中，大股东在定向增发后资金占用行为没有显著增加，而在低分红水平企业中大股东在定向增发后资金占用行为显著增加。最后，本章还试图探讨现金股利对定向增发中大股东资金占用行为的治理效应。研究发现，现金股利可以显著地抑制定向增发后大股东的资金占用行为。这也进一步佐证了前一章现金股利不是大股东实施"掏空"行为的理论观点。在高分红组中，大股东在定向增发后的资金占用行为没有显著增加；在中等分红组中，定向增发后大股东的资金占用行为显著增加，现金股利抑制了定向增发后大股东资金占用行为；在微分红组中，定向增发后大股东的资金占用行为显著增加，但是现金股利的治理效应不显著。此外，相较于正常分红企业，过度分红的企业在定向增发后大股东资金占用行为更为强烈。同时，在过度分红的企业中现金股利在定向增发中的治理效应不显著，而在正常分红企业中现金股利显著地抑制了大股东在定向增发后的资金占用行为。本章较为系统地刻画了大股东在定向增发中的资金占用行为，此外还进一步证明了现金股利在定向增发中具有缓解大股东代理问题的作用，这将有助于帮助市场各方参与者更好地识别和治理定向增发中大股东的资金占用行为。

本章的研究贡献主要体现在以下几个方面：①目前学术界针对定向增发中利益输送行为的研究不多，以往大部分学者研究主要集中于定向增发前的发行折价率、盈余管理和定向增发过程中的资产注入，而对于定向增发后的大股东利益输送行为研究较少。本章从内部控制水平、产权性质、现金股利水平等方面全面考察了定向增发后大股东资金占用行为，从而拓展了关于定向增发问题的研究视角。②鲜有文献研究现金股利对定向增发中利益输送行为的识别和治理效应，这为本章研究提供了契机。本章成功将现金股利这一因素嵌入定向增发中，发现现金股利能显著抑制定向增发中大股东资金占用行为，且在不同股利分红水平和行为下现金股利的治理效应呈现差异性，从而丰富了定向增发治理的相关理论研究。此外，本章的研究结论既解释了现金股利在定向增发中所扮演的角色，也为市场各参与者识别和治理定向增发中大股东利益输送行为提供了一个新的视角。③本章的研究结果具有较强的政策启示意义。近些年来，我国证监会出台了一系列现金股利管制政策，大力鼓励上市公司通过现金股利发放的方式来回报投资者，证明定向增发中现金股利发放行为具备治理作用有着重要的政策意义，这也为证监会的现金股利管制政策提供了理论支撑和实证支持。此外，2019年11月初证监会发布再融资政策的征求意见稿，拟对再融资进一步松绑，在此背景下我国资本市场中再融资活动毫无疑问会再次活跃起来，严防并治理大股东在定向增发中的利益输送行为亦具有重要的现实意义。

第二节 理论分析与研究假设

我国上市公司普遍存在"一股独大"的现象，股权集中虽然能够缓解股权分散所产生的第一类代理问题，但是随着大股东股权比例的增加，大股东侵占中小股东利益的能力也显著增强，目前我国上市公司代理问题主要是大股东与中小股东之间的代理问题（周中胜和陈汉文，2006）。大股东在获得控制权公共收益之外，还可以获得控制权的私有收益（Grossman 和 Oliver，1980；倪慧萍，2013）。如以现金股利发放为方式的收益权，就是公共收益的典型代表，这种收益分配对全体股东而言是公平的；而控制权的私有收益是大股东因为拥有控制权地位而获得的收益，这种私有收益往往对上市公司和中小股东的利益造成严重的侵害（Barclay 和 Clifford，1989），大股东获取私有收益的具体方式主要有关联交易、违规担保、资金占用等。大股东控制权导致的私有收益构成了上市公司大股东与中小股东的代理问题。

理论上，Johnson et al.（2000）首先提出了"隧道效应"（Tunneling）的概念。他指出，在股权集中的市场中，大股东在自利动机的驱动下，会通过一系列"掏空"行为转移公司的资产侵害中小股东的利益。唐宗明和蒋位（2002）的研究表明，我国上市公司大股东侵害中小股东利益的程度远高于英美等国家。李增泉等（2004）发现大股东的"掏空"行为与大股东持股比例呈先上升后下降的非线性关系。吴红军和吴世农（2009）、倪慧萍和赵珊（2013）、赵国芳（2011）、陈泽艺等（2018）、刘超等（2019）的研究均发现我国上市公司存在大股东"掏空"行为。实践中，定向增发是我国资本市场股权再融资的主要方式，是资本市场支持实体经济的重要渠道。然而，众多学者的实证研究表明，上市公司股权再融资后，会计业绩和市场业绩均下滑（Loughran 和 Ritter，1995；Bayless 和 Jay，2001；吴文锋等，2005；王秉阳，2017）。学者们将这种再融资后会计业绩和市场业绩下滑的现象称为"SEO业绩之谜"。为了解释"SEO业绩之谜"，一些学者尝试从大股东与中小股东之间的代理问题角度寻求答案。股权再融资后流入现金的增加可能会导致代理问题，并造成公司利润下降和长期业绩下滑，同时市场可能无法完全预期这种代理问题（Lee，1997；朱云，2009）。定向增发中的大股东代理问题，根据定向增发前后顺序可以分为三个阶段，即定向增发前的代理问题、定向增发中的代理问题和定向增发后的代理问题。定向增发前，为了能够使公司获得再融资资格或者获得更多投资者的青睐，大股东会操纵提高当期账面盈余水平，在股权再融资结束后，由于这种盈利水平不是真实盈利水平，无法长期维持而造成未来会计业绩下降（Teoh et al.，1998；王克敏和刘博，2012）。定向增发前这种盈余管理程度越高，越会引起投资者乐观情绪，从而推动股价上涨（Rangan，1998），造成定向增发后公司市场绩效表现越差（章卫东，2010）。陆正飞和王鹏（2013）的研究也表明，上市公司在定向增发前会进行盈余管理，目的在于向大股东输送利益。此外，还有学者研究发现定向增发前大股东会实施市场择时行为。上市公司为了获得更高的发行收益，以及使大股东股权被稀释的程度更小，大股东有动机选择股价高估的市场时机进行股权再融资（Stein，1996；Baker 和 Wurgler，2002），在股权再融资完成后公司股价回归内在价值，引起市场业绩下降（Loughran 和 Ritter，1995；Loughran 和 Ritter，1997）。罗琦（2018）研究发现，大股东会通过盈余管理创造股价高估的机会窗口并进行择时融资，导致财富由新股东向老股东转移。他认为大股东的盈余管理行为是股权再融资后企业会计业绩和市场业绩下滑的重要原因。在定向增发中，大股东还可能通过向上市公司注入与原有业务无关或者劣质的资产进行利益输送，导致上市公司长期会计业绩和市场绩效下滑（章卫东和李海川，2010）。Servaes（1996）、Claessens et al.（1999）、刘建勇（2012）等的研究也发现了类似的情况。而在定向增发后，由于上市公司增加了大量的现金流，大股东可能会采取关联交易、资金占用、过度投资、募集资金用途变更等方式来侵占上市公司利润（Johnson et al.，2000；朱云，2009），从而导致上市公司会计业绩和市场业绩下滑。朱云（2007）研究发现，上市公司大股东为了获取私有利益，有动机将募集资金投向净现值为负的项目，募集资金滥用与在发行后长期业绩的恶化有很大的关系。王秉阳（2017）研究发现，企业在定向增发后会出现非效率投资，这种非效率投资是定向增发后企业会计业绩下滑的重要原因。

  由于上市公司在定向增发后增加了大量的现金流，因此其面临的代理问题往往较未实施再融资行为的公司更为严重。由于我国上市公司存在"一股独大"现象等，定向增发往往全程充斥着大股东的意志，沦为大股东操纵下的上市公司再融资行为，导致定向增发中产生更为严重的大股东代理问题。David et al.（2014）发现，智利上市公司的大股东通过股权再融资实施了"掏空"行为。王良成等（2010）研究发现，上市公司大股东的"掏空"行为是造成股权再融资后企业真实业绩下滑的根本之因。以"资金占用"为关键词，搜索上市公司公告后发现，2019 年下半年，共有 271 家上市公司发布过有关控股股东、关联方资金占用的相关公告，表明资金占用已经成为大股东实施"掏空"行为的主要手段。

本章认为在定向增发后大股东的资金占用行为会显著增加。原因有以下四点：第一，定向增发后，上市公司新增了大量的现金资产，必然强化大股东资金占用的动机。Myers和Rajan（1998）的研究表明，大股东的资产占用行为与资产流动性有关。流动性资产使大股东更容易侵占中小投资者的利益以获取私人收益（Pinkowitz et al.，2003）。第二，在我国不少上市公司"一股独大"的背景下，定向增发成了大股东控制下的再融资活动，是大股东意志的体现，大股东有能力实施资金占用行为。大股东既可以通过参与定向增发避免股权被稀释或者通过增加控制权来强化利益输送的能力（何丽梅，2010），也可以选择不参与定向增发来降低资金占用的成本，增加侵占收益。大股东在定向增发中还可以自由选择发行对象，将公司的股票定向增发给那些消极的投资者，即在购买公司股票后不会参与监督管理行为的投资者（Barclay et al.，2007），这就进一步增加了大股东利益输送的能力和动机。第三，定向增发后新股具有一定的限售期，在限售期内大股东无法进行正常的股票买卖，大股东一旦因为宏观和微观因素的波动面临财务困境，又无法通过二级市场对股权进行买卖获取资金，就极有可能通过资金占用的方式来获取所需资金，缓解自身财务困境（赵玉芳等，2011；郑国坚等，2013）。第四，由于我国资本市场存在严重的信息不对称现象，大股东拥有中小股东所没有的信息优势，上市公司定向增发后，一旦出现募集资金投资效率不佳或者资产并购整合不理想，上市公司会计业绩和市场业绩就会下降，全体股东会面临股价下跌的损失，可能还会导致上市公司退市。由于大股东具备由控制权带来的信息优势，可以通过资金占用的方式来对上市公司进行资产转移，提前挽回部分或者全部损失。

基于以上分析得知，在自利动机驱动下，理性的上市公司大股东为了在定向增发后使自身利益最大化，会加大对上市公司的资金占用。因此，本章提出假设4-1。

假设4-1：相对于没有实施任何再融资的公司而言，实施定向增发的公司在定向增发后的资金占用行为会显著增加。

第三节　研究设计

一、样本选择与数据来源

本章以 2007—2017 年 A 股上市公司为观察样本，研究定向增发与大股东资金占用的关系，并根据以下条件筛选样本：①剔除资产负债率大于 1 的样本；②剔除股利支付率大于 1 的样本；③剔除当年被 ST 的样本；④剔除金融行业样本；⑤剔除当年 IPO 的样本；⑥剔除 AB 交叉上市的样本；⑦剔除在定向增发前后三年有定向增发，以及定向增发期间进行过配股、公开增发的样本；⑧剔除相关变量数据缺失以及数据异常的样本。本书所使用的上市公司数据均来自 CSMAR 数据库和 Wind 数据库。最后，为了处理变量的离群值，本章还对相关连续变量在 1% 和 99% 分位数水平上进行缩尾调整（Winsorize）。本书主要运用 Stata13.1 分析软件进行数据处理和数据分析。

二、模型设计与变量说明

本书在 Lel 和 Miller（2015）以及刘超等（2019）研究的基础上，设计了如下双重差分（DID）模型：

$$TUN1 = \alpha_0 + \alpha_1 Treat + \alpha_2 Treat * After + Controls + \sum IND + \sum YEAR + \varepsilon \quad (4-1)$$

$$TUN1 = \beta_0 + \beta_1 SIZE + \beta_2 LEV + \beta_3 ROA + \beta_4 II + \beta_5 TOP2-5 + \beta_6 SOE + Controls + \sum IND + \sum YEAR + \varepsilon \quad (4-2)$$

其中，被解释变量借鉴李增泉等（2004）和杨七中（2015）的研究，选择中国上市公司与大股东之间的关联交易事项应收账款和其他应收款作为大股东资金占用的代理变量[①]，并以营业收入进行标准化处理。由于企业日常经营活动也会导致应收账款和其他应收款的上升，我们无法定义这种应收账款和其他

[①] 这里我们认为大股东资金占用主要是通过关联交易实现的（高雷和张杰，2009），关联交易在财务报表中主要体现为中国上市公司与大股东之间的关联交易事项的应收账款和其他应收款。众多学者的研究均以应收账款和其他应收款来衡量大股东资金占用程度（李增泉等，2004；周中胜，2007；王松华，2007；杨七中，2015）。夏芳（2013）发现在 2012 年我国上市公司中，来自应收账款的大股东资金占用为 32.35 亿元，而来自其他应收款大股东欠款金额为 23.14 亿元。因此，这里我们认为衡量大股东资金占用应将应收账款与其他应收款结合起来。

应收款的上升均是由大股东资金占用形成的。因此，在后续的稳健性检验中，借鉴 Wang 和 Xiao（2011）、刘超等（2019）的研究，用模型（4-2）回归后的残差异常应收款 TUN2 来表示大股东资金占用。解释变量如下：①Treat 是组别虚拟变量，表示处理组和对照组。其中处理组赋值为 1，代表实施过定向增发的企业；对照组赋值为 0，代表未实施过定向增发的企业。②After 是时间虚拟变量，在处理组中即在实施过定向增发的企业中，自定向增发当年及以后赋值为 1，反之赋值为 0。③交乘项 Treat * After 的估计系数 α_2 是我们主要关注的，若 α_2 为正，则表示定向增发后大股东资金占用行为显著增加。

控制变量如下：①SIZE 为衡量公司规模的变量，是由期末总资产取自然对数得到的。②LEV 代表财务杠杆（资产负债率），是由期末总负债除以期末总资产得到的。③SOE 代表企业的产权性质，国有企业取值为 1，否则为 0。④TQ 为托宾 Q 值，用来衡量企业的增长机会。⑤FCF 表示企业自由现金流量，本章用每股企业自由现金流量来表示，它等于（现金及现金等价物净增加额－筹资活动产生的现金流量净额）本期值/实收资本本期期末值。⑥H 表示股权集中度，用第一大股东持股比例衡量。⑦ROA 为企业盈利能力的代理变量，等于净利润/总资产。⑧CASH 为企业的现金持有，等于企业期末货币资金的对数。⑨BSIZE 为董事会规模的代理变量，等于董事会人数。⑩DAUL 为两职合一的代理变量，当董事长兼任总经理时取值为 1，否则取值为 0。⑪IDP 为独立董事比例，等于董事会中独立董事人数比例。⑫TOP$_{2-5}$ 表示股权制衡度，等于第二到第五大股东持股比例。⑬在回归模型中，我们还控制了年份（Year）和行业（Ind）等方面因素，ε 表示随机误差项。本章主要变量解释说明见表 4-1。

表 4-1 本章主要变量解释说明

变量符号	变量含义	变量说明
TUN1	资金占用 1	（应收账款＋其他应收款）/营业收入
TUN2	资金占用 2	异常应收款：模型（4-2）的回归残差
Treat	组别虚拟变量	实施过定向增发赋值为 1，反之赋值为 0
After	时间虚拟变量	在处理组中，自定向增发当年及以后赋值为 1，反之赋值为 0
Treat * After	交乘项	Treat 与 After 构成的交乘项，也即"差分之差分"
SIZE	公司规模	期末总资产的自然对数
LEV	资产负债率	期末总负债/期末总资产

续表

变量符号	变量含义	变量说明
SOE	产权性质	国有企业取1，非国有企业取0
TQ	投资机会	托宾Q值
FCF	企业自由现金流量	每股企业自由现金流量
II	股权集中度	第一大股东持股比例
ROA	盈利能力	净利润/总资产
CASH	现金持有量	企业期末货币资金的对数
BSIZE	董事会规模	董事会人数
DAUL	两职合一	当董事长兼任总经理时取值为1，否则取值为0
IDP	独立董事比例	董事会中独立董事人数比例
TOP$_{2-5}$	股权制衡度	第二到第五大股东持股比例
Ind	行业	表示行业的虚拟变量
Year	年份	表示年份的虚拟变量

三、描述性统计

表4-2报告了本章主要变量的描述性统计结果。在表4-2中，大股东资金占用（TUN1）均值为0.276，最小值为0，最大值为253.426。这表明整体上我国上市公司大股东资金占用占据营业收入额的27.6%，我国上市公司中普遍存在大股东占用上市公司资金的现象，且各公司之间大股东资金占用水平差异较大。

表4-2 主要变量描述性统计

变量	样本数	均值	标准差	最小值	最大值
TUN1	16753	0.276	1.991	0.000	253.426
SIZE	16791	22.052	1.255	19.781	25.991
LEV	16791	0.430	0.203	0.051	0.860
SOE	16791	0.444	0.497	0.000	1.000
TQ	16791	2.260	2.217	0.065	56.125
FCF	16791	-0.22	1.36	-35.215	28.936
II	16791	36.091	15.267	0.290	89.090
CASH	16791	20.129	1.352	12.107	26.494

续表

变量	样本数	均值	标准差	最小值	最大值
ROA	16791	0.050	0.040	0.002	0.194
BSIZE	16719	8.813	1.772	0.000	18.000
DAUL	16791	0.227	0.419	0.000	1.000
IDP	16718	0.371	0.554	0.125	0.800

注：非整数数值保留到小数点后三位。

表4-3是大股东资金占用的单变量检验结果。在表4-3中，均值检验和中位数检验都支持大股东资金占用指标在定向增发后大于定向增发前，其中资金占用指标TUN1的中位数检验通过显著性检验，资金占用指标TUN2的均值检验和中位数检验均通过显著性检验。进一步地，我们将样本区间限定为定向增发前后三年，均值检验和中位数检验仍然支持大股东资金占用指标在定向增发后大于定向增发前，其中资金占用指标TUN1的中位数检验通过显著性检验，资金占用指标TUN2的均值检验和中位数检验均通过显著性检验。这在一定程度上表明，在定向增发后大股东的资金占用水平会上升。当然定向增发与大股东资金占用的关系还需要利用多元回归做进一步分析。

表4-3 单变量分析

	均值检验			中位数检验		
	定增前	定增后	差异	定增前	定增后	差异
资金占用(TUN1)	0.272	0.283	−0.011	0.172	0.209	−0.037***
资金占用(TUN2)	−0.050	0.01	−0.06***	−0.054	−0.04	−0.014***
	均值检验			中位数检验		
	定增前(−3～−1)	定增后(1～3)	差异	定增前(−3～−1)	定增后(1～3)	差异
资金占用(TUN1)	0.283	0.284	−0.001	0.174	0.207	−0.033***
资金占用(TUN2)	−0.004	0.014	−0.018**	−0.054	−0.041	−0.013***

注：非整数数值保留到小数点后三位，***、**、*分别表示在1%、5%、10%水平上统计显著。

四、相关性分析

表 4-4 报告了本小节主要变量的相关性分析结果。从相关性分析结果来看，交乘项 Treat * After 与大股东资金占用 TUN1 系数为 0.003，且在 1% 的水平上显著为正。这表明大股东在定向增发后会增加对上市公司的资金占用。这初步证明了研究假设 4-1。此外，从表 4-4 中主要变量的相关性分析结果可以发现，自变量之间的相关性系数较小，不存在多重共线性问题。进一步地，我们还进行了膨胀因子检验（VIF），检验后发现自变量膨胀因子的均值（Mean VIF）为 2.72，其中自变量最大的膨胀因子为 5.82。这再次表明自变量之间不存在较为严重的多重共线性问题。

表 4-4 主要变量相关性分析

变量	TUN1	Treat	Treat * After	SIZE	LEV	SOE	TQ
TUN1	1.000						
Treat	-0.007	1.000					
Treat * After	0.003***	0.564***	1.000				
SIZE	-0.035***	0.092*	0.311***	1.000			
LEV	-0.012	0.133***	0.106***	0.496***	1.000		
SOE	-0.038	-0.041***	-0.002	0.307***	0.297***	1.000	
TQ	0.024***	-0.106***	-0.127***	-0.432***	-0.414***	-0.227***	1.000
FCF	-0.014*	-0.088***	-0.071***	-0.051***	-0.092***	0.083***	0.082***
II	-0.030***	-0.030***	-0.034***	0.237***	0.084***	0.217***	-0.079***
ROA	-0.025***	-0.068***	-0.097***	-0.087***	-0.398***	-0.137***	0.374***
CASH	-0.064***	0.067***	0.249***	0.828***	0.285***	0.215***	-0.305***
BSIZE	-0.100***	-0.004	0.012	0.264***	0.176***	0.275***	-0.170***
DAUL	0.008	-0.004	-0.013*	-0.153***	-0.155***	-0.280***	0.125***
IDP	0.044***	0.005	0.021***	0.042***	-0.026***	-0.064***	0.058***

变量	FCF	II	ROA	CASH	BSIZE	DAUL	IDP
FCF	1.000						
II	0.029***	1.000					
ROA	0.178***	0.084***	1.000				

续表

变量	TUN1	Treat	Treat*After	SIZE	LEV	SOE	TQ
CASH	0.020***	0.210***	0.059***	1.000			
BSIZE	0.028***	0.041***	-0.014*	0.209***	1.000		
DAUL	-0.053***	-0.055***	0.054***	-0.091***	-0.170***	1.000	
IDP	-0.009	0.050***	-0.016**	0.057***	-0.419***	0.099***	1.000

注：非整数数值保留到小数点后三位，***、**、*分别表示在1％、5％、10％水平上统计显著。

第四节 实证分析

一、定向增发与大股东资金占用

我们考察了定向增发之后大股东资金占用行为的变化，表4-5报告了模型（4-1）的回归结果。在未控制行业和年份影响的情况下，交乘项 Treat*After 与大股东资金占用 TUN1 呈显著正相关，如交乘项 Treat*After 系数为0.049（T值为8.54），且在1％的置信水平上通过显著性检验；在控制了行业和年份的影响后发现，交乘项 Treat*After 与大股东资金占用 TUN1 仍然呈显著正相关，如交乘项 Treat*After 系数为0.027（T值为4.13），且在1％的置信水平上通过显著性检验。上述统计结果表明，大股东在定向增发后会增加对上市公司的资金占用，这与赵玉芳（2012）、刘超（2019）的研究结论类似。由于我国资本市场长期存在"一股独大"的现象，资本市场违法成本过低，中小股东难以对大股东进行有效监督，部分上市公司中甚至存在大股东凌驾于内部控制之上、董事会"一言堂"等现象，由此可见大股东具有先天的控制权优势和足够的利益动机去实施资金占用行为。同时，目前对上市公司定向增发后资金的使用情况也缺乏有效的监督和约束机制，监管部门多聚焦于定向增发前的折价率问题，使得上市公司大股东在定向增发后未进行有效投资，而是通过关联交易、直接占用、间接占用等方式来实现利益输送，从而侵害了上市公司和中小股东的利益。

表 4-5　定向增发与大股东资金占用

变量	(1) TUN1	(2) TUN1	(3) TUN1
Treat	0.007 (0.99)	−0.019** (−2.22)	−0.007 (−0.95)
Treat * After		0.049*** (8.54)	0.027*** (4.13)
SIZE	0.006 (0.85)	−0.002 (−0.34)	−0.012* (−1.67)
LEV	−0.075*** (−3.15)	−0.056** (−2.28)	−0.037 (−1.26)
SOE	−0.092*** (−14.94)	−0.091*** (−14.84)	−0.071*** (−10.43)
TQ	0.013*** (5.66)	0.013*** (5.44)	0.008*** (3.53)
FCF	−0.014** (−2.26)	−0.014** (−2.28)	−0.013** (−2.13)
II	−0.002*** (−9.71)	−0.001*** (−9.04)	−0.001*** (−8.01)
ROA	−1.327*** (−11.27)	−1.264*** (−10.61)	−1.105*** (−8.84)
CASH	−0.011 (−1.49)	−0.010 (−1.39)	−0.015* (−1.94)
BSIZE	−0.007*** (−4.47)	−0.005*** (−3.92)	−0.004** (−2.52)
DAUL	0.008 (1.24)	0.008 (1.19)	0.004 (0.61)
IDP	0.124** (2.50)	0.137*** (2.77)	0.100** (2.03)
行业/年份	No	No	Yes
Constant	0.529*** (8.56)	0.666*** (9.80)	0.790*** (9.33)
N	16680	16680	16680
Adj. R^2	0.061	0.063	0.093

注：括号内为 T 统计量，***、**、* 分别表示在 1%、5%、10% 水平上统计显著。

二、定向增发、异质性与大股东资金占用

表4-6考察了异质性因素对定向增发后大股东资金占用行为的影响。本书将样本根据内部控制指数①的3/4分位划分为高、低两组进行分组回归。表4-6中，列（1）为高内部控制组，列（2）为低内部控制组。研究发现，在高内部控制组中，交乘项Treat*After系数为0.010，没有通过显著性检验。在低内部控制组中，交乘项Treat*After系数为0.033，且在1%的置信区间通过显著性检验。回归结果表明，定向增发后高内部控制组大股东资金占用行为没有显著增加，而低内部控制组大股东资金占用行为显著增加。由此表明，良好的内部控制能够很好地抑制大股东在定向增发后的资金侵占行为。这与林斌等（2012）、杨七中和马蓓丽（2015）、林润辉等（2015）的研究结论类似。

本章进一步将研究对象按照不同的产权性质划分为国有企业和非国有企业并分别进行回归，结果如表4-6中列（3）和列（4）所示。可以发现，在国有企业组中，交乘项Treat*After系数为0.025，且在1%的置信区间通过显著性检验。在非国有企业组中，交乘项Treat*After系数为0.032，且在1%的置信区间通过显著性检验。回归结果表明，定向增发后无论是国有企业还是非国有企业的大股东资金占用行为都显著增加了，但非国有企业的大股东侵占程度要大于国有企业②。这与李增泉（2004）的研究结果相反，与董梅生等（2017）的研究结论一致。原因在于2004年前我国资本市场还未完成股权分置改革，国有股份大多是非流通股，无法在市场中流动，因此国有企业大股东有更强烈的资金占用动机。然而，随着全流通时代的到来，加上近年来我国非国有企业出现的融资难、融资贵问题，更多地出现非国有企业大股东的资金侵占问题。

本章还根据样本每股现金股利的3/4分位划分为高、低两组进行分组回归，结果如表4-6列（5）和列（6）所示。研究发现，在高分红组中，交乘项Treat*After系数为-0.003，没有通过显著性检验。在低分红组中，交乘项Treat*After系数为0.032，且在1%的置信区间通过显著性检验。回归结果表明，定向增发后高分红企业大股东资金占用行为有所缓解，但没有通过显

---

① 数据来源于《迪博2011年上市公司内部控制指数报告》。此外，鉴于我国上市公司内部控制水平普遍较低，同时内部控制水平只有达到一定程度才能发挥作用，因此本书在参考陈骏和徐玉德（2015）研究的基础上，选择内部控制指数3/4分位数进行分组回归。

② 在表4-6中，列（3）和列（4）的"经验P值"为0.064，在10%的水平上显著。这表明组间系数存在显著差异。

著性检验，而低分红企业出现明显的大股东资金占用行为增加的现象。在信息不对称的市场中，需要建立一种保证投资者利益不被侵占的信誉机制（Gomes，2000）。较高的现金股利能够向市场传递公司代理问题较轻的信息，并成为企业和控股股东区别于其他企业，以及获取声誉效应的重要途径（魏锋，2012）。

表4-6 定向增发、异质性与大股东资金占用

变量	(1) TUN1 高内控	(2) TUN1 低内控	(3) TUN1 国企	(4) TUN1 非国企	(5) TUN1 高分红	(6) TUN1 低分红
Treat	−0.001 (−0.13)	−0.001 (−0.96)	−0.005 (−0.65)	−0.009 (−0.67)	0.25*** (3.79)	−0.017* (−1.66)
Treat * After	0.010 (1.02)	0.033*** (3.83)	0.025*** (3.65)	0.032*** (3.12)	−0.003 (−0.45)	0.032*** (3.93)
SIZE	−0.018 (−1.29)	−0.012 (−1.33)	−0.011 (−1.15)	−0.022** (−1.85)	−0.011** (−2.42)	−0.014 (−1.60)
LEV	−0.017 (−0.53)	−0.039 (−1.03)	0.021 (0.56)	−0.056 (−1.24)	−0.048** (−2.33)	−0.034 (−0.93)
SOE	−0.046*** (−6.93)	−0.078*** (−8.88)			−0.053*** (−8.24)	−0.076*** (−8.54)
TQ	0.004 (1.51)	0.009*** (3.21)	0.006** (1.79)	0.008** (2.61)	0.008*** (3.64)	0.006** (2.38)
FCF	−0.022 (−1.60)	−0.008** (−2.21)	−0.005 (−1.36)	−0.021** (−1.75)	−0.009*** (−5.29)	−0.019* (−1.76)
II	−0.001*** (−3.74)	−0.002*** (−6.77)	−0.001*** (−3.77)	−0.002*** (−5.74)	−0.001*** (−4.33)	−0.002*** (−6.74)
ROA	−0.551** (−2.48)	−1.302*** (−8.53)	−0.696*** (−4.75)	−1.273*** (−6.36)	−0.895*** (−10.63)	−0.960*** (−4.99)
CASH	−0.014 (−0.67)	−0.013 (−1.64)	−0.008 (−0.98)	−0.019 (−1.64)	0.004 (1.20)	−0.018** (−1.78)
BSIZE	−0.002 (−0.85)	−0.004** (−2.22)	−0.005* (−3.48)	−0.001 (−0.20)	−0.002 (−1.16)	−0.004** (−2.02)
DAUL	0.005 (0.54)	0.004 (0.60)	−0.015** (−1.77)	0.004 (0.58)	−0.003 (−0.42)	0.007 (0.83)
IDP	0.168** (1.87)	0.075 (1.17)	0.022 (0.31)	0.179** (2.46)	0.023 (0.47)	0.112* (1.76)

续表

变量	(1) TUN1 高内控	(2) TUN1 低内控	(3) TUN1 国企	(4) TUN1 非国企	(5) TUN1 高分红	(6) TUN1 低分红
行业/年份	Yes	Yes	Yes	Yes	Yes	Yes
Constant	0.805*** (8.89)	0.791*** (5.94)	0.614*** (9.15)	0.985*** (5.18)	0.303*** (4.93)	0.917*** (8.26)
N	4173	12507	7382	9298	4343	12337
Adj. R^2	0.155	0.077	0.267	0.414	0.218	0.403

注：括号内为T统计量，***、**、*分别表示在1%、5%、10%水平上统计显著。

三、稳健性检验

（一）替换被解释变量

在本章前面的DID模型设计中，我们采用模型（4-2）的残差TUN2来替换解释变量TUN1，并重新进行回归，结果见表4-7和表4-8。

从表4-7中可以看出，在未控制年份和行业的回归结果中交乘项Treat*After系数为0.023，在1%的置信区间通过显著性检验。在控制年份和行业后，交乘项Treat*After系数为0.026，仍然在1%的置信区间通过显著性检验。

从表4-8中可以看出，按照内部控制指数分组回归时，高内部控制组的交乘项Treat*After系数没有通过显著性检验，低内部控制组的交乘项Treat*After系数显著为正。按照产权性质分组回归时，无论是国有企业还是非国有企业，Treat*After系数都显著为正，同时非国有企业组的系数（0.031）高于国有企业组的系数（0.025）。按照每股股利高、低（3/4分位）分组回归时，高分红企业的交乘项Treat*After系数没有通过显著性检验，低分红企业的交乘项Treat*After系数显著为正。由此可见，在替换被解释变量后回归结果与前文一致。鉴于此，本章所得结论具有一定的稳健性。

表4-7 定向增发与大股东资金占用——稳健性检验1

变量	(1) TUN2	(2) TUN2	(3) TUN2
Treat	0.007 (0.94)	−0.005 (−0.64)	−0.007 (−0.90)

续表

变量	(1) TUN2	(2) TUN2	(3) TUN2
Treat * After		0.023*** (4.09)	0.026*** (4.03)
SIZE	−0.000 (−0.01)	−0.004 (−0.56)	−0.003 (−0.38)
LEV	−0.002 (−0.08)	0.007 (0.29)	0.004 (0.14)
SOE	0.001 (0.09)	0.001 (0.18)	−0.000 (−0.04)
TQ	0.000 (0.04)	−0.000 (−0.09)	0.000 (0.05)
FCF	0.000 (0.04)	0.000 (0.02)	0.000 (0.02)
II	8.02e−06 (0.05)	0.000 (0.37)	0.000 (0.23)
ROA	−0.000 (−0.00)	0.029 (0.25)	0.016 (0.13)
CASH	−0.000 (−0.01)	0.000 (0.04)	0.000 (0.01)
BSIZE	0.000 (0.02)	0.000 (0.28)	0.000 (0.09)
DAUL	0.000 (0.01)	−0.000 (−0.02)	0.000 (0.05)
IDP	5.55e−06 (0.00)	0.006 (0.13)	0.004 (0.09)
行业/年份	No	No	Yes
Constant	−0.002 (−0.03)	0.063 (0.93)	0.052 (0.61)
N	16680	16680	16680
Adj R^2	0.0001	0.0006	0.0007

注：括号内为 T 统计量，***、**、* 分别表示在 1%、5%、10% 水平上统计显著。

表4-8 定向增发、异质性与大股东资金占用——稳健性检验1

变量	(1) TUN1 高内控	(2) TUN1 低内控	(3) TUN1 国企	(4) TUN1 非国企	(5) TUN1 高分红	(6) TUN1 低分红
Treat	-0.001 (-0.12)	-0.009 (-0.92)	-0.005 (-0.67)	-0.009 (-0.64)	0.26*** (3.83)	-0.017 (-1.61)
Treat*After	0.009 (0.99)	0.032*** (3.74)	0.025*** (3.67)	0.031*** (3.04)	-0.004 (-0.54)	0.031*** (3.86)
SIZE	-0.009 (-0.65)	-0.003 (-0.30)	-0.001 (-0.14)	-0.012 (-1.05)	-0.002 (-0.41)	-0.005 (-0.55)
LEV	0.026 (0.81)	0.002 (0.05)	0.065 (1.75)	-0.017 (-0.39)	-0.006 (-0.31)	0.006 (0.17)
SOE	0.025*** (3.71)	-0.007 (-0.85)			0.017*** (2.64)	-0.005 (-0.59)
TQ	-0.004 (-1.41)	0.001 (0.32)	-0.002** (-0.50)	-0.001 (-0.18)	0.001 (0.27)	-0.002 (-0.60)
FCF	-0.009 (-0.64)	0.005 (1.41)	0.008** (2.35)	-0.008 (-0.66)	0.004** (2.55)	-0.006 (-0.58)
II	0.001*** (3.80)	-0.000 (-0.77)	0.001** (2.00)	-0.000 (-0.93)	0.001*** (3.88)	-0.000 (-0.51)
ROA	0.566** (2.52)	-0.179 (-1.17)	0.423*** (2.88)	-0.154 (-0.76)	0.205** (2.43)	0.162 (0.84)
CASH	0.001 (0.03)	0.002 (0.28)	0.007 (0.86)	-0.005 (-0.39)	0.019*** (5.24)	-0.003 (-0.32)
BSIZE	0.002 (1.18)	-0.001 (-0.30)	-0.001* (-0.49)	0.003 (0.96)	0.002 (1.12)	-0.000 (-0.03)
DAUL	0.003 (0.25)	0.001 (0.10)	-0.019** (-2.22)	0.001 (0.16)	-0.007 (-0.99)	0.003 (0.40)
IDP	0.074 (0.83)	-0.022 (-0.34)	-0.075 (-1.07)	0.082 (1.12)	-0.067 (-1.38)	0.014 (0.22)
行业/年份	Yes	Yes	Yes	Yes	Yes	Yes
Constant	0.677 (0.74)	0.525 (0.39)	-0.057 (-0.85)	0.253 (1.33)	-0.433*** (-7.03)	0.179* (1.61)
N	4166	12471	7367	9270	4336	12301
Adj R²	0.023	0.0002	0.267	0.414	0.072	0.002

注：括号内为T统计量，***、**、*分别表示在1%、5%、10%水平上统计显著。

(二)限定窗口期

在本章模型（4-1）中，将 After 变量定义为定向增发当年及以后年份取值为 1，否则为 0。在此，我们将 After 变量重新定义为定向增发后三年取值为 1，定向增发前三年取值为 0，并重新进行回归，这样可以避免由于时间窗口过长而混入其他因素的干扰。回归结果如表 4-9 和表 4-10 所示。

从表 4-9 中可以看出，在以大股东资金占用 TUN1 为因变量的回归结果中，交乘项 Treat * After 系数显著为正。此外以大股东资金占用 TUN2 为因变量的回归模型中，交乘项 Treat * After 系数仍然显著为正。这与前文的分析结论基本一致。

从表 4-10 中可以看出，按照内部控制指数分组回归时，高内部控制组的交乘项 Treat * After 系数没有通过显著性检验，低内部控制组的交乘项 Treat * After 系数显著为正。按照产权性质分组回归时，两组交乘项 Treat * After 系数都在 1% 的水平上显著为正，但非国有企业组的系数 0.036 显著高于国有企业组的系数 0.021。按照每股股利高、低（3/4 分位）分组回归时，高分红企业的交乘项 Treat * After 系数没有通过显著性检验，低分红企业的交乘项 Treat * After 系数显著为正。由此可见，上述回归结果均与前文基本一致。鉴于此，本章所得结论具有稳健性。

表 4-9 定向增发与大股东资金占用——稳健性检验 2

变量	(1) TUN1	(2) TUN1	(3) TUN1	(4) TUN2
Treat	0.007 (0.99)	−0.007 (−0.73)	−0.003 (−0.39)	−0.003 (−0.35)
Treat * After		0.040*** (5.22)	0.026*** (3.13)	0.025*** (3.03)
SIZE	0.006 (0.85)	−0.009 (−1.08)	−0.019** (−2.08)	−0.010** (−1.05)
LEV	−0.075*** (−3.15)	−0.024 (−0.76)	−0.015 (−0.38)	0.026 (0.67)
SOE	−0.092*** (−14.94)	−0.100*** (−12.18)	−0.077*** (−8.37)	−0.007*** (−0.74)
TQ	0.013*** (5.66)	0.011*** (4.21)	0.006** (2.46)	−0.002** (−0.64)

续表

变量	(1) TUN1	(2) TUN1	(3) TUN1	(4) TUN2
FCF	−0.014** (−2.26)	−0.014 (−1.61)	−0.013 (−1.50)	0.000 (0.03)
II	−0.002*** (−9.71)	−0.001*** (−6.92)	−0.001*** (−6.58)	−0.000*** (−0.04)
ROA	−1.327*** (−11.27)	−1.223*** (−7.93)	−1.108*** (−6.63)	0.432*** (0.26)
CASH	−0.011 (−1.49)	−0.006 (−0.65)	−0.011 (−1.14)	0.003 (0.33)
BSIZE	−0.007*** (−4.47)	−0.003* (−1.91)	−0.002 (−0.94)	0.002 (1.09)
DAUL	0.008 (1.24)	0.003 (0.42)	0.000 (0.06)	−0.003 (−0.38)
IDP	0.124** (2.50)	0.167*** (2.57)	0.133** (2.00)	0.036** (0.55)
行业/年份	No	No	Yes	Yes
Constant	0.529*** (8.56)	0.708*** (8.42)	0.873*** (7.80)	0.135*** (1.20)
N	16680	11692	11692	11649
Adj R^2	0.061	0.053	0.081	0.001

注：括号内为T统计量，***、**、*分别表示在1%、5%、10%水平上统计显著。

表4-10 定向增发、异质性与大股东资金占用——稳健性检验2

变量	(1) TUN1 高内控	(2) TUN1 低内控	(3) TUN1 国企	(4) TUN1 非国企	(5) TUN1 高分红	(6) TUN1 低分红
Treat	−0.001 (−0.01)	−0.003 (−0.29)	0.001 (0.18)	−0.007 (−0.52)	0.24*** (3.15)	−0.010 (−0.97)
Treat*After	0.002 (0.12)	0.034*** (3.01)	0.021** (2.22)	0.036*** (2.83)	−0.005 (−0.47)	0.031*** (2.87)
SIZE	−0.007 (−0.34)	−0.026** (−2.17)	−0.012 (−0.98)	−0.039*** (−2.56)	−0.009* (−1.85)	−0.025** (−2.12)

续表

变量	(1) TUN1 高内控	(2) TUN1 低内控	(3) TUN1 国企	(4) TUN1 非国企	(5) TUN1 高分红	(6) TUN1 低分红
LEV	−0.009 (−0.22)	−0.011 (−0.22)	0.016 (0.33)	−0.004 (−0.07)	−0.050** (−2.18)	−0.008 (−0.16)
SOE	−0.048*** (−6.08)	−0.086*** (−7.23)			−0.053*** (−6.95)	−0.085*** (−6.86)
TQ	0.003 (1.03)	0.007** (2.14)	0.003 (0.98)	0.006* (1.79)	0.008*** (2.84)	0.004 (1.48)
FCF	−0.028 (−1.42)	−0.004 (−0.89)	−0.001 (−0.15)	−0.025 (−1.47)	−0.009*** (−5.13)	−0.021 (−1.17)
II	−0.001** (−2.31)	−0.002*** (−5.63)	−0.001*** (−2.87)	−0.002*** (−4.76)	−0.001*** (−4.10)	−0.002*** (−5.35)
ROA	−0.412** (−1.34)	−1.294*** (−6.64)	−0.715*** (−3.75)	−1.183*** (−4.48)	−0.851*** (−8.79)	−0.917*** (−3.60)
CASH	−0.026 (−0.92)	−0.005 (−0.48)	−0.008 (−0.71)	−0.011 (−0.72)	0.003 (0.87)	−0.013 (−0.96)
BSIZE	0.002 (0.78)	−0.003 (−1.16)	−0.001 (−0.88)	−0.000 (−0.04)	−0.003 (−1.55)	−0.001 (−0.28)
DAUL	0.002 (0.12)	0.001 (0.08)	−0.026** (−2.53)	0.002 (0.18)	−0.001 (−0.14)	0.001 (0.13)
IDP	0.182** (1.34)	0.114 (1.35)	0.045 (0.45)	0.186* (1.95)	0.007 (0.14)	0.156* (1.79)
行业/年份	Yes	Yes	Yes	Yes	Yes	Yes
Constant	0.734*** (7.62)	0.925*** (5.26)	0.642*** (8.05)	1.177*** (4.58)	0.328*** (4.71)	1.017*** (6.86)
N	2822	8870	5134	6558	3134	8558
Adj R^2	0.144	0.068	0.063	0.068	0.216	0.069

注：括号内为T统计量，***、**、*分别表示在1%、5%、10%水平上统计显著。

（三）PSM-DID回归模型

为了进一步缓解选择偏差和内生性问题，本章采取倾向得分匹配 (propensity score matching，PSM) 方法。参考杨星等 (2016)、刘超等 (2019) 的研究，本章选择以下变量作为影响企业实施定向增发的协变量：第一大股东持股比例（Ⅱ）、盈利能力（ROA）、公司规模（SIZE）、资产负债率（LEV）、账面市值比（BM）。以企业是否实施定向增发为因变量进行 Logit 回归，再按照定向增发前一年的协变量信息采取 1∶1 无回置最近邻匹配，并进行平衡性检验。从表 4-11 中可以看出，匹配后所有协变量的标准化偏差均相较于匹配前大幅减少，且匹配后样本偏差均小于 5%，同时所有 T 检验的结果不拒绝处理组与对照组无系统差异的原假设，显示所有协变量都通过了平衡性检验。

通过 PSM 可以有效消除样本的选择偏差，但仍需将 PSM 结果带入双重差分模型中进行再次回归。PSM-DID 回归结果如表 4-12 和表 4-13 所示。

从表 4-12 中可以看出，在列（2）和列（3）以大股东资金占用 TUN1 为因变量的回归模型中交乘项 Treat * After 系数均显著为正。此外在列（4）以大股东资金占用 TUN2 为因变量的回归模型中，交乘项 Treat * After 系数也显著为正。这与前文的分析结论基本一致。

从表 4-13 中可以看出，按照内部控制指数分组回归时，高内部控制组的交乘项 Treat * After 系数没有通过显著性检验，低内部控制组的交乘项 Treat * After 系数显著为正。按照产权性质分组回归时，无论是在国有企业还是非国有企业中 Treat * After 系数都显著为正，同时非国有企业组的系数 0.027 高于国有企业组的系数 0.018。按照每股股利高、低（3/4 分位）分组回归时，高分红企业的交乘项 Treat * After 系数没有通过显著性检验，低分红企业的交乘项 Treat * After 系数显著为正。由此可见，上述回归结果再次与前文基本一致。鉴于此，本章所得结论具有稳健性。

表 4-11　平衡性检验结果——稳健性检验 3（PSM-DID）

协变量		均值		标准化偏差（%）	T 检验	
		处理组	对照组		T 值	P 值
L1.Ⅱ	匹配前	36.5	37.124	-4.0	-2.16	0.031
	匹配后	36.5	36.58	-0.5	-0.32	0.747
L1.ROA	匹配前	0.05139	0.05723	-14.3	-7.74	0.000
	匹配后	0.05139	0.0508	1.4	0.94	0.346
L1.SIZE	匹配前	22.064	21.943	9.7	5.21	0.000
	匹配后	22.064	22.073	-0.7	-0.43	0.668

续表

协变量		均值		标准化偏差(%)	T检验	
		处理组	对照组		T值	P值
L1.LEV	匹配前	0.44992	0.39232	28.4	15.24	0.000
	匹配后	0.44992	0.45056	−0.3	−0.20	0.840
L1.BM	匹配前	0.5114	0.49297	7.4	3.96	0.000
	匹配后	0.5114	0.5156	−1.7	−1.04	0.298

表4−12 定向增发与大股东资金占用——稳健性检验3（PSM−DID）

变量	(1) TUN1	(2) TUN1	(3) TUN1	(4) TUN2
Treat	0.024** (2.25)	−0.002 (−0.20)	0.003 (0.25)	−0.006 (−0.55)
Treat * After		0.044*** (7.08)	0.020*** (2.78)	0.022*** (3.12)
L1.II	−0.002*** (−9.00)	−0.002*** (−8.74)	−0.002*** (−7.14)	0.000 (0.37)
L1.ROA	−1.217*** (−9.44)	−1.143*** (−8.65)	−1.092*** (−9.31)	−0.316*** (−2.71)
L1.SIZE	−0.001 (−0.40)	−0.008** (−2.29)	−0.014*** (−4.22)	0.019*** (5.99)
L1.LEV	−0.150*** (−6.06)	−0.139*** (−5.62)	−0.096*** (−2.80)	−0.048 (−1.42)
L1.BM	−0.167*** (−8.09)	−0.149* (−7.10)	−0.186*** (−7.71)	−0.164*** (−6.90)
行业/年份	No	No	Yes	Yes
Constant	0.544*** (7.69)	0.673*** (8.80)	0.593*** (7.75)	−0.338*** (−4.43)
N	10726	10726	10726	10666
Adj R^2	0.034	0.036	0.075	0.006

注：括号内为T统计量，***、**、*分别表示在1%、5%、10%水平上统计显著。

表 4-13 定向增发、异质性与大股东资金占用——稳健性检验 3（PSM-DID）

变量	(1) TUN1 高内控	(2) TUN1 低内控	(3) TUN1 国企	(4) TUN1 非国企	(5) TUN1 高分红	(6) TUN1 低分红
Treat	0.001 (0.06)	0.001 (0.08)	0.008 (0.84)	−0.017 (−0.76)	0.034*** (4.11)	−0.007 (−0.44)
Treat * After	0.001 (0.10)	0.026*** (2.86)	0.018** (2.48)	0.027** (2.16)	0.002 (0.25)	0.021** (2.40)
L1.II	−0.001*** (−3.74)	−0.002*** (−6.04)	−0.001*** (−3.34)	−0.002*** (−4.32)	−0.001*** (−4.26)	−0.002*** (−6.05)
L1.ROA	−0.913*** (−4.68)	−1.121*** (−6.94)	−0.807*** (−6.28)	−1.372*** (−8.23)	−0.738*** (−7.35)	−0.794*** (−3.96)
L1.SIZE	−0.023*** (−2.70)	−0.003 (−0.63)	−0.007** (−2.27)	−0.016** (−2.06)	−0.004 (−1.12)	−0.011*** (−2.60)
L1.LEV	0.011 (0.13)	−0.128*** (−3.54)	0.003 (0.09)	−0.117* (−1.92)	−0.083*** (−3.20)	−0.106** (−2.40)
L1.BM	−0.202*** (−2.85)	−0.197*** (−8.29)	−0.110*** (−5.04)	−0.234*** (−5.66)	−0.091*** (−4.44)	−0.201*** (−6.53)
行业/年份	Yes	Yes	Yes	Yes	Yes	Yes
Constant	0.741*** (3.77)	0.394*** (3.67)	0.377*** (5.84)	0.666*** (3.73)	0.252*** (3.68)	0.549*** (5.43)
N	2788	7938	5008	5718	2781	7945
Adj R²	0.117	0.063	0.079	0.061	0.185	0.065

注：括号内为 T 统计量，***、**、* 分别表示在 1%、5%、10%水平上统计显著。

第五节　进一步分析

一、定向增发、现金股利与大股东资金占用

前文的研究结果表明，上市公司定向增发后大股东资金占用水平会显著上升。有一个问题值得进一步思考，众多学者研究发现股权再融资后企业出现了业绩下滑的现象，即"SEO 业绩之谜"。王秉阳（2017）的研究表明，定向增发之后的代理问题推动了经营业绩的下滑，这是定向增发中存在"SEO 业绩

之谜"的根本原因。我国证券市场是一个以中小投资者为主的市场,而中小投资者又处于信息劣势地位,从这个意义上看我国证券市场的信息不对称现象可能会更加严重(张功富,2009)。因此,可以认为信息不对称可能是造成上市公司增发新股后大股东资金占用程度更加严重的一个重要因素。同时众多学者的研究表明现金股利具备信号传递效应(Nissim et al.,2001;Jensen et al.,2010;Baker et al.,2016),也在公司治理中具备缓解代理冲突的效应(肖珉,2010;孔东民和冯曦,2012;韩云,2017;杨熠和沈艺峰,2004)。尽管如此,但本书认为现金股利对企业产生的积极作用与其本身的信号作用并不矛盾。综上所述,本书认为现金股利在定向增发中能起到缓解大股东资金占用这一类代理问题的作用。为了检验现金股利在定向增发与大股东资金占用之间的调节效应,本章建立了如下具备双重差分的多元回归模型:

$$TUN1 = \beta_0 + \beta_1 Treat + \beta_2 Treat * After + \beta_3 Treat * After * RE + \beta_4 RE + Controls + \sum IND + \sum YEAR + \varepsilon \qquad (4-3)$$

其中,TUN1 表示大股东资金占用,代表大股东资金占用程度。我们还采用了大股东资金占用 TUN2 来进行稳健性检验。Treat * After * RE 是双重差分与每股股利的交乘项,以此来考察现金股利对定向增发和资金占用关系的调节效应。其他控制变量均与模型(4-1)保持一致,相关的变量定义和度量方式不再赘述。

表 4-14 主要报告了定向增发与现金股利的交互影响对大股东资金占用的影响的实证分析。分析发现,交乘项 Treat * After 与大股东资金占用 TUN1(TUN2)呈正相关,并在 1% 的置信水平上通过显著性检验,表明企业定向增发后大股东资金占用行为显著增加。在加入现金股利的交乘项后,交乘项 Treat * After * RE 与大股东资金占用 TUN1(TUN2)呈负相关,并在 10% 的置信水平上通过显著性检验。这表明现金股利在一定程度上缓解了定向增发后大股东资金占用问题,说明现金股利在定向增发中具备缓解代理冲突的作用。

表 4-14 定向增发、现金股利与大股东资金占用

变量	(1) TUN1	(2) TUN1	(3) TUN2	(4) TUN2
Treat	−0.007 (−0.95)	−0.008 (−0.97)	−0.007 (−0.90)	−0.007 (−0.91)

续表

变量	(1) TUN1	(2) TUN1	(3) TUN2	(4) TUN2
Treat * After	0.027*** (4.13)	0.029*** (4.28)	0.026*** (4.03)	0.028*** (4.19)
Treat * After * RE		−0.035* (−1.57)		−0.036* (−1.59)
RE		−0.041** (−1.91)		−0.039* (−1.85)
SIZE	−0.012* (−1.67)	−0.011 (−1.55)	−0.003 (−0.38)	−0.002 (−0.23)
LEV	−0.037 (−1.26)	−0.040 (−1.33)	0.004 (0.14)	0.002 (0.05)
SOE	−0.071*** (−10.43)	−0.071*** (−10.46)	−0.000 (−0.04)	−0.001 (−0.08)
TQ	0.008*** (3.53)	0.008*** (3.41)	0.000 (0.05)	−0.000 (−0.04)
FCF	−0.013** (−2.13)	−0.013** (−2.03)	0.000 (0.02)	0.001 (0.09)
II	−0.001*** (−8.01)	−0.001*** (−7.95)	0.000 (0.23)	0.000 (0.40)
ROA	−1.105*** (−8.84)	−0.996*** (−7.02)	0.016 (0.13)	0.122 (0.86)
CASH	−0.015* (−1.94)	−0.014* (−1.76)	0.000 (0.01)	0.001 (0.13)
BSIZE	−0.004** (−2.52)	−0.004** (−2.45)	0.000 (0.09)	0.000 (0.17)
DAUL	0.004 (0.61)	0.004 (0.68)	0.000 (0.05)	0.001 (0.11)
IDP	0.100** (2.03)	0.099** (2.00)	0.004 (0.09)	0.003 (0.06)
行业/年份	Yes	Yes	Yes	Yes
Constant	0.790*** (9.33)	0.744*** (8.81)	0.052 (0.61)	0.007 (0.09)
N	16680	16680	16637	16637

续表

变量	(1) TUN1	(2) TUN1	(3) TUN2	(4) TUN2
Adj R²	0.093	0.094	0.001	0.001

注：括号内为T统计量，***、**、*分别表示在1%、5%、10%水平上统计显著。

二、定向增发、现金股利与大股东资金占用：基于企业分红力度差异比较分析

表4-15主要报告了定向增发与现金股利的交互影响对大股东资金占用的影响（基于企业分红力度差异比较分析）的实证分析结果。本节将全样本根据每股现金股利分为三组：大于3/4分位数的样本为高分红组，低于1/4分位数的样本为微分红组，其余为中等分红组。经分析发现，在微分红组中交乘项Treat*After与大股东资金占用TUN1呈正相关，并在5%的置信水平上通过显著性检验，表明微分红组企业定向增发后确实出现大股东资金占用增加的现象；在加入现金股利的交乘项后，微分红组交乘项Treat*After*RE与大股东资金占用TUN1间呈正相关，但没有通过显著性检验。在中等分红组中交乘项Treat*After与大股东资金占用TUN1间呈正相关，并在1%的置信水平上通过显著性检验，表明中等分红组企业定向增发后也出现大股东资金占用增加的现象；在加入现金股利的交乘项后，中等分红组交乘项Treat*After*RE与大股东资金占用TUN1呈负相关，并在10%的置信水平上通过显著性检验，表明中等分红组中现金股利在一定程度上减少了定向增发后大股东资金占用问题。在高分红组中交乘项Treat*After与大股东资金占用TUN1呈负相关，但是没有通过显著性检验，表明高分红组企业定向增发后大股东资金占用现象没有增加，因此在高分红组中不再检验现金股利的治理效应。由此可见，现金股利在定向增发中的治理效应在不同的现金股利水平下存在差异，具体表现为：在微分红组中现金股利未能减少定向增发后大股东的资金占用问题，而在中等分红组中现金股利抑制了定向增发后大股东的资金占用行为；更为有趣的是在高分红水平组中定向增发后大股东资金占用现象没有显著增加，反而有所减少（交乘项Treat*After系数为-0.003），但没有通过显著性检验。最后，本节还采用了资金占用指数TUN2作为因变量再次进行回归以增强结论稳健性，回归结果如表4-16所示，所得结果均与上文保持一致，这里不再做具体报告，这充分表明本节结论具有较强的稳健性。

表4-15 定向增发、现金股利与大股东资金占用：基于企业分红力度差异比较分析

变量	(1) TUN1 微分红	(2) TUN1 微分红	(3) TUN1 中等分红	(4) TUN1 中等分红	(5) TUN1 高分红
Treat	−0.066*** (−2.71)	−0.066*** (−2.70)	0.013* (1.88)	0.013* (1.88)	0.025*** (3.79)
Treat * After	0.033** (1.92)	0.033** (1.97)	0.029*** (3.78)	0.054*** (3.75)	−0.003 (−0.45)
Treat * After * RE		0.309 (0.18)		−0.409* (−2.39)	
RE		4.219 (1.55)		−0.179*** (−1.81)	
SIZE	−0.001 (−0.05)	−0.002 (−0.08)	−0.028*** (−5.65)	−0.027*** (−5.53)	−0.011** (−2.42)
LEV	−0.084 (−1.06)	−0.077 (−0.97)	0.021 (0.95)	0.020*** (0.94)	−0.048** (−2.33)
SOE	−0.079*** (−3.77)	−0.079*** (−3.76)	−0.067*** (−10.36)	−0.067*** (−10.28)	−0.054*** (−8.24)
TQ	0.000 (0.10)	0.001 (0.14)	0.014*** (5.56)	0.014*** (5.35)	0.008*** (3.64)
FCF	−0.026 (−0.72)	−0.026 (−0.72)	−0.019*** (−5.86)	−0.019*** (−6.02)	−0.009*** (−5.29)
II	−0.003*** (−4.29)	−0.002*** (−4.31)	−0.011*** (−5.61)	−0.001*** (−5.39)	−0.001*** (−4.33)
ROA	−0.803* (−1.78)	−0.755* (−1.66)	−0.972*** (−8.75)	−0.822*** (−6.89)	−0.895*** (−10.63)
CASH	−0.039* (−1.78)	−0.039* (−1.78)	0.006 (1.36)	0.006*** (1.58)	0.004 (1.20)
BSIZE	−0.002 (−0.37)	−0.002 (−0.38)	−0.004 (−2.62)	−0.004* (−2.48)	−0.002 (−1.16)
DAUL	−0.018 (−0.99)	−0.019 (−1.05)	0.019 (2.69)	0.020 (2.81)	−0.003 (−0.42)
IDP	0.173*** (1.26)	0.171 (1.25)	0.038 (0.69)	0.031*** (0.55)	0.023 (0.47)
行业/年份	Yes	Yes	Yes	Yes	Yes

续表

变量	(1) TUN1 微分红	(2) TUN1 微分红	(3) TUN1 中等分红	(4) TUN1 中等分红	(5) TUN1 高分红
Constant	1.148*** (4.29)	1.161*** (4.34)	0.626*** (9.48)	0.599*** (8.99)	0.303*** (4.93)
N	4341	4341	7996	7996	4343
Adj R²	0.056	0.057	0.182	0.184	0.218

注：括号内为 T 统计量，***、**、* 分别表示在 1%、5%、10% 水平上统计显著。

表 4-16 定向增发、现金股利与大股东资金占用：
基于企业分红力度差异比较分析——稳健性检验

变量	(1) TUN2 微分红	(2) TUN2 微分红	(3) TUN2 中等分红	(4) TUN2 中等分红	(5) TUN2 高分红
Treat	−0.067*** (−2.68)	−0.067*** (−2.67)	0.014* (1.94)	0.013** (1.93)	0.26*** (3.83)
Treat * After	0.033** (1.90)	0.034** (1.96)	0.028*** (3.68)	0.054*** (3.75)	−0.004 (−0.54)
Treat * After * RE		0.356 (0.09)		−0.419** (−2.44)	
RE		4.439* (1.62)		−0.157* (−1.58)	
SIZE	0.001 (0.51)	0.009 (0.47)	−0.018*** (−3.77)	−0.017*** (−3.65)	−0.002 (−0.41)
LEV	−0.044 (−0.56)	−0.037 (−0.47)	0.063*** (2.94)	0.063*** (2.94)	−0.006 (−0.31)
SOE	−0.009 (−0.43)	−0.009 (−0.42)	0.004 (0.56)	0.004 (0.62)	0.017*** (2.64)
TQ	−0.008** (−2.18)	−0.008** (−2.14)	0.006** (2.47)	0.006** (2.26)	0.001 (0.27)
FCF	−0.012 (−0.35)	−0.013 (−0.36)	−0.005* (−1.68)	−0.006* (−1.84)	0.004** (2.55)
II	−0.001* (−1.76)	−0.010* (−1.78)	0.000** (2.20)	0.000** (2.40)	0.001*** (3.88)

续表

变量	(1) TUN2 微分红	(2) TUN2 微分红	(3) TUN2 中等分红	(4) TUN2 中等分红	(5) TUN2 高分红
ROA	0.320 (0.70)	0.369 (0.81)	0.138 (1.24)	0.279** (2.34)	0.205** (2.43)
CASH	−0.025 (−1.13)	−0.025 (−1.13)	0.020*** (5.00)	0.021*** (5.20)	0.019*** (5.24)
BSIZE	0.002 (0.40)	0.002 (0.39)	−0.001 (−0.43)	−0.001 (−0.29)	0.002 (1.12)
DAUL	−0.023 (−1.23)	−0.024 (−1.29)	0.016** (2.25)	0.017** (2.37)	−0.007 (−0.99)
IDP	0.072 (0.52)	0.070 (0.51)	−0.058 (−1.03)	−0.065 (−1.16)	−0.067 (−1.38)
行业/年份	Yes	Yes	Yes	Yes	Yes
Constant	0.393 (1.47)	0.406 (1.52)	−0.109* (−1.65)	−0.135** (−2.03)	−0.433*** (−7.03)
N	4319	4341	7982	7982	4336
Adj R^2	0.012	0.057	0.021	0.023	0.072

注：括号内为T统计量，***、**、*分别表示在1％、5％、10％水平上统计显著。

三、定向增发、现金股利与大股东资金占用：基于过度分红角度比较分析

表4-17主要报告了双重差分项与现金股利的交乘项对大股东资金占用的影响（基于过度分红角度比较分析）的实证分析结果。参考谢德仁和林乐（2013）的研究，本节将全样本根据是否过度分红分为二组，即当公司每股现金股利高于每股经营自由现金流时为过度分红组，否则为正常分红组。分析发现，在过度分红组中交乘项 Treat * After 与大股东资金占用 TUN1 呈正相关，并在1％的置信水平上通过显著性检验，表明过度分红组企业定向增发后出现大股东资金占用增加的现象；在加入现金股利的交乘项后，过度分红组交乘项 Treat * After * RE 与大股东资金占用 TUN1 呈正相关，但没有通过显著性检验。在正常分红组中交乘项 Treat * After 与大股东资金占用 TUN1 呈正相关，并在1％的置信水平上通过显著性检验，表明正常分红组企业定向增发后也出现大股东资金占用增加的现象；但是正常分红组的交乘项 Treat * After 系数

（0.020）小于过度分红组（0.047），表明过度分红组企业的大股东资金占用情况更为严重。在加入现金股利的交乘项后，正常分红组交乘项 Treat * After * RE 与大股东资金占用 TUN1 呈负相关，并在 10% 的置信水平上通过显著性检验，表明正常分红组企业的现金股利在一定程度上缓解了定向增发后大股东资金占用问题。由此可见，现金股利在定向增发中的治理效应在不同的现金股利行为即过度分红和正常分红行为下存在差异，具体表现为：相较于正常分红行为，过度分红行为下的大股东资金占用行为更为严重。在正常分红组中现金股利抑制了定向增发后大股东的资金占用行为。另外，更为有趣的是相较于正常分红行为，在过度分红组中现金股利不仅未能缓解定向增发后大股东的资金占用问题，反而助推了大股东的资金占用行为（交乘项 Treat * After * RE 系数为 0.025），但没有通过显著性检验。最后，本节还采用了资金占用指数 TUN2 作为因变量再次进行回归以增强研究结论的稳健性，回归结果如表 4-18 如示，所得结果均与上文保持一致，这里不再做具体报告，这表明本节结论具有较强的稳健性。

表 4-17　定向增发、现金股利与大股东资金占用：基于过度分红角度比较分析

变量	(1) TUN1 正常分红	(2) TUN1 正常分红	(3) TUN1 过度分红	(4) TUN1 过度分红
Treat	0.003 (0.40)	0.003 (0.36)	−0.037* (−1.79)	−0.038* (−1.84)
Treat * After	0.020*** (3.10)	0.022*** (3.24)	0.047*** (3.23)	0.042*** (2.70)
Treat * After * RE		−0.033* (−1.58)		0.025 (0.34)
RE		−0.051** (−2.45)		−0.186*** (−4.07)
SIZE	−0.010 (−1.37)	−0.009 (−1.19)	−0.008 (−0.47)	−0.007 (−0.38)
LEV	−0.018 (−0.48)	−0.021 (−0.58)	−0.142*** (−3.07)	−0.154*** (−3.29)
SOE	−0.059*** (−8.47)	−0.060*** (−8.53)	−0.095*** (−6.06)	−0.095*** (−6.06)
TQ	0.010*** (3.84)	0.011*** (3.67)	0.003 (0.68)	0.002 (0.53)

续表

变量	(1) TUN1 正常分红	(2) TUN1 正常分红	(3) TUN1 过度分红	(4) TUN1 过度分红
FCF	−0.000 (−0.20)	0.001 (0.29)	−0.020 (−1.10)	−0.022 (−1.17)
II	−0.001*** (−6.43)	−0.001*** (−6.38)	−0.002*** (−5.12)	−0.002*** (−4.89)
ROA	−0.990*** (−8.93)	−0.861*** (−6.08)	−1.189*** (−3.99)	−0.803*** (−2.64)
CASH	−0.009 (−1.36)	−0.008 (−1.16)	−0.029 (−1.25)	−0.025 (−1.06)
BSIZE	−0.004*** (−2.74)	−0.003*** (−2.62)	−0.004 (−0.90)	−0.003 (−0.83)
DAUL	0.009 (1.54)	0.009* (1.63)	−0.016 (−0.99)	−0.014 (−0.90)
IDP	0.041 (0.80)	0.039 (0.75)	0.209* (1.68)	0.211* (1.69)
行业/年份	Yes	Yes	Yes	Yes
Constant	0.629*** (6.99)	0.573*** (6.53)	1.059*** (4.80)	0.949*** (4.24)
N	12328	12328	4352	4352
Adj R²	0.086	0.087	0.102	0.104

注：括号内为 T 统计量，***、**、* 分别表示在 1%、5%、10%水平上统计显著。

表 4−18　定向增发、现金股利与大股东资金占用：
基于过度分红角度比较分析——稳健性检验

变量	(1) TUN2 正常分红	(2) TUN2 正常分红	(3) TUN2 过度分红	(4) TUN2 过度分红
Treat	0.004 (0.47)	0.004 (0.43)	−0.038* (−1.79)	−0.039* (−1.85)
Treat * After	0.019*** (2.97)	0.021*** (3.13)	0.047*** (3.21)	0.041*** (2.68)
Treat * After * RE		−0.033* (−1.59)		0.026 (0.34)

续表

变量	(1) TUN2 正常分红	(2) TUN2 正常分红	(3) TUN2 过度分红	(4) TUN2 过度分红
RE		−0.050** (−2.42)		−0.184*** (−4.01)
SIZE	−0.001 (−0.12)	0.001 (0.09)	0.001 (0.06)	0.002 (0.14)
LEV	0.024 (0.64)	0.020 (0.54)	−0.100** (−2.17)	−0.113** (−2.39)
SOE	0.011 (1.58)	0.011 (1.52)	−0.025 (−1.59)	−0.025* (−1.60)
TQ	0.003 (0.95)	0.002 (0.83)	−0.006 (−1.56)	−0.006* (−1.76)
FCF	0.013*** (5.25)	0.014*** (5.52)	−0.007 (−0.39)	−0.008 (−0.46)
II	0.000 (1.04)	0.000 (1.22)	−0.001 (−1.54)	−0.001 (−1.29)
ROA	0.129 (1.16)	0.257* (1.80)	−0.069 (−0.23)	0.313 (1.02)
CASH	0.006 (0.87)	0.007 (1.00)	−0.015 (−0.63)	−0.010 (−0.45)
BSIZE	0.000 (0.15)	0.000 (0.28)	−0.000 (−0.07)	−0.000 (−0.01)
DAUL	0.006 (1.01)	0.006 (1.10)	−0.019 (−1.26)	−0.019 (−1.18)
IDP	−0.054 (−1.05)	−0.056 (−1.10)	0.112 (0.89)	0.113* (0.90)
行业/年份	Yes	Yes	Yes	Yes
Constant	−0.112 (−1.24)	−0.168** (−1.91)	0.332 (1.50)	0.222 (0.99)
N	12302	12302	4352	4352
Adj R^2	0.008	0.008	0.019	0.021

注：括号内为T统计量，***、**、*分别表示在1%、5%、10%水平上统计显著。

第六节　本章小结

当前，定向增发已经成为我国上市公司股权再融资的主要方式。随着社会主义市场经济的发展，政府越来越重视直接融资在企业融资渠道中的重要作用。2019年11月初，我国证监会发布再融资政策修订的征求意见稿，其中提出拟对折价率上升、锁定期缩短、不受减持新规限制等方面进行调整，再融资政策进一步放松，曾经拥有超万亿规模的定向增发市场，有望再度迎来黄金时代。同时，我们也应该注意到，由于我国资本市场相关法律制度不够完善、上市公司普遍"一股独大"的股权现象以及上市公司内部控制水平参差不齐等，定向增发中往往会伴随着大股东的利益输送行为。这一现象已经被众多学者证实。因此，在再融资政策再度放松的今天，识别和治理大股东在定向增发过程中的利益输送行为就显得尤为重要，这也是保障我国资本市场健康稳定发展的必要手段。据此，本章重点对我国上市公司定向增发中的大股东资金占用行为进行了深入探讨和研究。

本章回归分析的主要结论有：①上市公司在定向增发后出现了大股东的资金占用行为显著增加的现象。②在高内部控制组中，定向增发后大股东的资金占用行为没有显著增加；而在低内部控制组中，定向增发后大股东的资金占用行为显著增加。③国有企业和非国有企业在定向增发后大股东资金占用水平均显著增加，但相较于国有企业，非国有企业在定向增发后大股东资金占用行为更为严重。④在高分红组中，定向增发后大股东的资金占用行为没有显著增加；而在低分红组中，定向增发后大股东的资金占用行为显著增加。

此外，本章通过研究考察还发现：①现金股利可以显著地抑制定向增发后大股东的资金占用行为。这亦进一步佐证了前文现金股利不是大股东"掏空"行为的观点。②在高分红组中，大股东在定向增发后的资金占用行为没有显著增加；在中等分红组中，定向增发后大股东的资金占用行为显著增加，其中现金股利抑制了定向增发后大股东资金占用行为；而在微分红组中，定向增发后大股东的资金占用行为显著增加，但现金股利的治理效应不显著。③相较于正常分红企业，过度分红的企业在定向增发后大股东资金占用行为更为严重。同时，在过度分红的企业中现金股利的治理效应不显著，而在正常分红企业中现金股利显著抑制了大股东在定向增发后的资金占用行为。

本章研究结论具有重要的启示意义。首先，在我国资本市场中，要进一步

现金股利、大股东资金占用与企业业绩的关系研究
——基于定向增发视角

防范和化解大股东在定向增发后通过资金占用行为侵害上市公司和中小投资者利益的风险。其次,监管部门要采取更加积极的措施,一方面要鼓励上市公司积极通过现金股利的方式回报投资者,缓解定向增发后大股东的代理问题,加大对证券市场长期不分红的"铁公鸡"和微分红行为的问询和治理力度,有效缓解我国资本市场长期存在的"重融资、轻回报"问题;另一方面也要着力防止上市公司在定向增发后出现过度分红行为,过度分红行为不仅不能缓解大股东代理问题,反而往往伴随着更为严重的大股东利益输送行为。最后,还要不断加强上市公司内部控制体系的建设,鼓励支持大股东积极参与上市公司的定向增发,进一步强化大股东与上市公司的利益协同程度,从而有效抑制大股东的利益输送行为,进一步提高上市公司在定向增发后的资源配置效率,推动资本市场健康稳定发展。

第五章 股利管制政策、定向增发与现金股利

现金股利是资本市场中投资者获取投资收益的重要途径，也是公司治理领域研究的重要话题，备受学术界和实务界关注。自 2001 年开始，证监会针对上市公司分红问题出台了一系列将股权再融资与现金股利挂钩的政策文件，旨在减少我国资本市场长期存在的"重融资、轻回报"问题，从而保护投资者的合法权益。针对这些政策，学术界主要集中于半强制分红政策这个话题（李常青等，2010）进行了诸多探究。一部分学者的研究表明，半强制分红政策显著地提高了我国资本市场的现金股利回报水平（张跃文，2012；魏志华等，2014）。另一部分学者认为，半强制分红政策增加了企业的财务负担（李长青等，2010）和盈余管理动机（王志强和张玮婷，2012；Martins 和 Novaes，2012），且对于无融资需求的企业无效。近些年，证监会出台了更多现金股利监管政策。2011 年前证监会对全体上市公司提出了分红行为的要求，由此部分学者开始将研究视角转向强制分红政策（吴梦云和潘磊，2012；秦海林和潘丽莎，2019）。那么以往半强制分红政策的效果到底如何？随着监管的加强，强制分红政策相较于半强制分红政策是否发挥了更有效的作用？这些政策对有融资需求的定向增发企业影响如何？这些都是本章研究的重点。为此，本章以我国 2007—2017 年 A 股上市公司为样本，从半强制分红政策和强制分红政策两个方面探讨了证监会一系列现金股利政策的实施效果，并分析了定向增发企业与非定向增发企业的现金股利管制政策实施效果的不同之处，进一步拓展研究了强制分红政策对不同生命周期下的定向增发企业的现金股利的影响。

第一节 问题的提出

现金股利是上市公司回报投资者的重要手段，也是近些年来证监会加强资本市场监管与改革的重点对象。与成熟的资本市场相比，我国资本市场目前处

于新兴加转轨中。这种新兴加转轨的特征主要体现在两方面：一方面，我国资本市场投资者法律保护机制还不健全；另一方面，我国上市公司主动回报投资者的意识也较为淡薄。这导致我国资本市场现金股利水平长期低下，出现了"重融资、轻回报"的状况（郭丽虹和刘婷，2019）。

图5-1展示了2007—2017年A股现金股利和募集资金的变动趋势。图中的左轴表示定向增发总额、募资总额和现金股利总额，右轴表示每股现金股利。在图5-1中，大部分年份现金股利总额是低于募集资金总额的。自2015年开始，A股募集资金总额和定向增发总额大幅提高，A股现金股利总额不仅低于募集资金总额，甚至严重低于定向增发募资总额。在全样本中，每股现金股利均值在0.06至0.12元之间波动，即每股现金股利最高也不足1毛2分钱，1手股票（100股）获得现金股利不足12元，再加上通货膨胀的因素，每股股利可能会出现逐年下降的趋势。2012—2017年，虽然现金股利分红总额在逐年上升，但每股现金股利却出现下降后在低位徘徊的趋势，这可能是上市公司数量的增加导致了现金股利总体金额的逐年上升。但是平均到每一家公司而言，个体的现金股利支付水平仍然较低。由此，资本市场中确实出现了"重融资、轻回报"的现象。

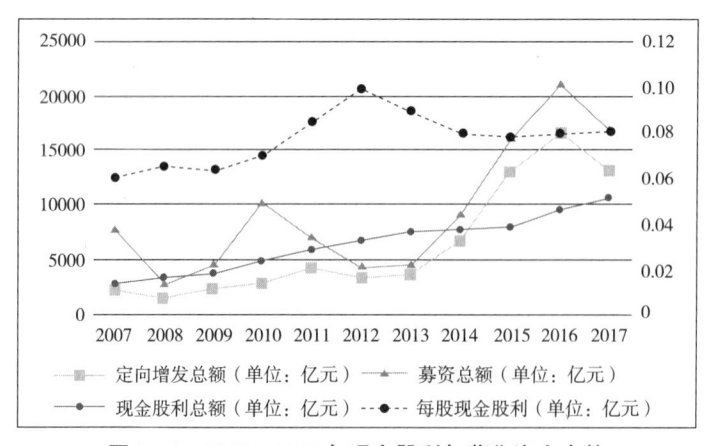

图5-1 2007—2017年现金股利与募集资金走势

定向增发具有低门槛、审批快、灵活性高等优势，从数量和融资额两方面来看，其已经成为我国上市公司股权再融资的最主要方式（赵玉芳，2012）。前述章节研究结论表明，现金股利能够抑制定向增发中的大股东代理问题，从而正向调节定向增发与企业业绩之间的负向关系，因此现金股利在定向增发中具有一定的治理作用。所以鼓励定向增发企业采取适当的现金股利政策，既能够有效缓解大小股东间的代理冲突，亦有助于减少资本市场长期存在的"重融资、轻回报"问题。此外，在我国资本市场中一部分上市公司的盈余管理问题较为严重，甚至还存在着部分公司通过造假手段来虚构企业利润的现象，而现金股利分红需要真金实银，这也是投资者监督上市公司的重要手段之一。

证监会的股利政策始于 2001 年，发展到今天大体可以划分为两个阶段。第一个阶段为 2001—2011 年。这期间证监会颁布了一系列将企业再融资资格与现金股利挂钩的政策，由于此阶段的政策只对部分有融资需求的企业有约束力，因此学者们将其称为半强制分红政策（李常青等，2010；陈云玲，2014；魏志华等，2014）。第二个阶段为 2011 年至今。2011 年 11 月 9 日，证监会发言人在解答市场热点问题时表示，证监会要求从 IPO 公司开始，在招股说明书中必须披露上市公司的详细分红计划，并且不能随意更改。此外，还将对所有上市公司的现金股利政策进行监管与督查，对上市公司不合理的现金股利政策将予以严肃处理（吴梦云和潘磊，2012）。2012 年 5 月证监会颁布了《关于进一步落实上市公司现金股利有关事项的通知》。2013 年 11 月 30 日，证监会发布了《上市公司监管指引第 3 号——上市公司现金股利》。由于这一阶段的分红政策是针对全体上市公司，因此学者们将其称为强制分红政策（吴梦云和潘磊，2012；郭丽虹和刘婷，2019；秦海林和潘丽莎，2019）。由于不同的分红监管政策限定对象不同，必然会产生不同的政策效果。那么，不同分红管制政策对定向增发企业现金股利行为产生的冲击是否一样？进一步有融资需求的定向增发企业与无融资需求的非定向增发企业受到的政策影响会有区别吗？

综上所述，从本章拟解决的主要问题"证监会一系列分红管制政策的效果如何"出发，考虑到现有文献对分红管制政策的划分，本章将分红管制政策分为半强制分红政策和强制分红政策，且进一步区分了定向增发企业与非定向增发企业。之所以区分定向增发是因为：一方面，定向增发作为资本市场再融资的主要方式，增加了有融资需求企业的现金流，从而增强了大股东实施利益输送的动机，可能会导致大股东倾向于发放更少的现金股利来进行现金资产储备，再通过其他方式进行资产转移（罗琦，2018）；另一方面，半强制政策只对配股和公开增发行为有明确的约束，而对于定向增发没有明确的约束，定向增发企业无需通过发放更多的现金股利来达到再融资门槛规定。那么，在多重因素的影响下，分红管制政策对定向增发企业的影响如何？本章下面主要回答"证监会一系列分红管制政策对定向增发和非定向增发企业的实施效果如何"。

本章的贡献主要体现在：①李常青等（2010）、李慧（2013）、魏志华等（2014）等学者在研究半强制分红政策时，均未明确上市公司增发样本中是否区分定向增发与公开增发。实际上 2006 年的半强制分红政策只对有公开发行的企业有明文规定，而对定向增发这种非公开发行方式没有要求，2008年《关于修订上市公司现金股利的若干规定》一文也并未对定向增发提出修订。这里需要明确的是，增发分为定向增发和非定向增发，其中定向增发属于非公开发行，非定向增发属于公开发行。因此，在研究中统一将增发（不区分定向增发与非定向增发）与配股视为有融资需求，来研究半强制分红政策的实施效果存在一定的片面性。本章在区分定向增发与非定向增发的基础上，研究半强制分红政策的实施效果，有助于丰富和完善半强制分红政策的相关研究。②本章按照划分不同时间窗口的方法研究半强制分红政策和强制分红政策的实施效果，有如下好处：A. 传统的划分方式仅仅是按照政策前后所有时间来划分，这对于长时间区间样本来说可能会由于时间太长而混入其他因素干扰。B. 由于样本整体窗口期间出现多种政策，而已有的研究（魏志华等，2017）并未对不同政策进行区分。比如半强制分红政策是2001—2008年出台的政策，2011年后又出台了一系列强制分红政策，此时如果不考虑强制分红政策的影响，仍然以2011年以后的样本去研究半强制分红政策已然不妥，本书的划分方式有助于避免不同政策区间的互相影响。

第二节　理论分析与研究假设

一、半强制分红政策、定向增发与现金股利

半强制分红政策文件的颁布是一个循序渐进的过程（李常青等，2010）。其中2001年和2004年颁布的文件仅提出了一些规范性的指导意见，而2006年和2008年才开始在颁布的文件中明确了获得再融资资格所需达到最低分红门槛的要求。

关于半强制分红政策对现金股利的实施效果，一部分学者的研究表明，半强制分红政策有助于提升中国资本市场的现金股利意愿和现金股利水平（安青松，2012；张跃文，2012）。也有一部分学者对半强制分红政策持怀疑态度。邓剑兰等（2014）认为公司现金股利政策并不受半强制分红政策驱动。由于半强制分红政策仅针对有再融资需求的公司，且其存在偏低的分红"门槛"，因此半强制政策实施后，通过发放现金股利以"迎合"再融资资格的公司数量明显增多，而偏低的分红"门槛"对高现金股利公司产生了"负向激励"（魏志华等，2014）。以上学者在定义有融资需求的公司时，均没有对定向增发企业

予以剔除。实际上半强制分红政策文件仅针对公开发行证券的融资行为，而未对非公开发行证券的定向增发进行约束。2006年5月后，定向增发政策出台，此后有融资需求的企业完全可以通过定向增发这种非公开发行的方式来规避半强制分红政策的约束从而获得再融资。据统计，2016年5—12月，仅有7家公司实施了受半强制分红政策约束的非定向增发，而不受约束的定向增发预案达189家（李敬和姜德波，2017）。因此本章提出以下假设：

假设5-1：在定向增发政策出台后，半强制分红政策不能提高上市公司的现金股利意愿和现金股利水平。且在区分定向增发行为后，半强制分红政策的效果仍不明显。

二、强制分红政策、定向增发与现金股利

由于半强制分红政策对于没有融资需求的公司不具备政策上的约束力，且随着定向增发这种非公开发行方式的流行，半强制分红政策对有融资需求公司的约束力也越来越弱，实施效果也越来越不理想。在此背景下，自2011年后监管部门又出台了一系列强制分红政策。2011年11月9日，证监会发言人在解答当前市场热点问题时表示，证监会要求从IPO公司开始，在招股说明书中必须披露上市公司的详细分红计划，并且不能随意更改。此外，还将对所有上市公司的现金股利政策进行监管与督查，对不合理的现金股利政策将予以严肃处理（吴梦云和潘磊，2012）。2012年5月证监会颁布了《关于进一步落实上市公司现金股利有关事项的通知》。2013年11月30日，证监会发布了《上市公司监管指引第3号——上市公司现金股利》。于是一部分学者将自2011年以来监管部门出台的一系列现金股利管制政策习惯性称为强制分红政策（吴梦云和潘磊，2012；秦海林和潘丽莎，2019）。自2011年以来出台的分红政策，不仅仅针对有再融资需求的企业，而是针对所有A股上市的企业。鉴于以上分析，本书提出假设5-2和假设5-3。

假设5-2：强制分红政策能够提升上市公司的现金股利意愿和现金股利水平。

假设5-3：在给定其他条件相同的情况下，强制分红政策对定向增发公司的实施效果要弱于无再融资行为的公司。

第三节　研究设计

一、样本选择与数据来源

本章以2007—2017年A股上市公司为观察样本，研究证监会一系列分红管制政策的实施效果，并根据以下条件筛选样本：①剔除资产负债率大于1的样本；②剔除股利支付率大于1的样本；③剔除当年被ST的样本；④剔除金融行业样本；⑤剔除当年IPO的样本；⑥剔除AB交叉上市的样本；⑦剔除在定向增发前后三年有定向增发，以及定向增发期间进行过配股、公开增发的样本；⑧剔除相关变量数据缺失以及数据异常的样本。本书所采用的上市公司数据均来自CSMAR数据库和Wind数据库。最后，为了处理变量的离群值，我们还对相关连续变量在1%和99%分位数水平上进行缩尾调整（Winsorize）。本书主要运用Stata13.1分析软件进行数据处理和数据分析。

二、模型设计与变量说明

为了考察不同分红管制政策对定向增发企业现金股利的影响，在罗琦（2018）以及谭伟荣（2018）的研究基础上，本书设计了如下模型对假设进行检验：

$$\text{Logit(FH)} = \alpha_0 + \alpha_1 \text{BQZ} + \text{Controls} + \sum \text{IND} + \sum \text{YEAR} + \varepsilon \tag{5-1}$$

$$\text{Tobit(RE)} = \beta_0 + \beta_1 \text{BQZ} + \text{Controls} + \sum \text{IND} + \sum \text{YEAR} + \varepsilon \tag{5-2}$$

$$\text{Logit(FH)} = \chi_0 + \chi_1 \text{FHZC} + \text{Controls} + \sum \text{IND} + \sum \text{YEAR} + \varepsilon \tag{5-3}$$

$$\text{Tobit(RE)} = \gamma_0 + \gamma_1 \text{FHZC} + \text{Controls} + \sum \text{IND} + \sum \text{YEAR} + \varepsilon \tag{5-4}$$

其中，被解释变量借鉴魏志华等（2014）的研究，从现金股利意愿和现金股利水平两个角度来考察上市公司现金股利政策，FH代表现金股利支付意愿，RE代表现金股利。解释变量如下：①BQZ代表半强制分红政策的虚拟变量，当公司会计年度处于2007年份时取值为0，2008、2009、2010年份时取值为1；②借鉴吴梦云和潘磊（2012）、李敬和姜德波（2017）以及秦海林和潘丽莎（2019）的研究，FHZC为强制分红政策的虚拟变量，当公司会计年度处于2011年到2017年期间（为强制分红政策时期）取1，会计年度处于2008年到2010年期间则取0。

控制变量如下：①SIZE为衡量公司规模的变量，是由期末总资产取自然对数得到的。②LEV代表财务杠杆（资产负债率），是由期末总负债除以期末总资产得到的。③SOE代表企业的产权性质，国有企业取值为1，否则为0。④TQ为托宾Q值，用以衡量企业的增长机会，其与每股股利和每股股利支付率一般为负相关关系（Smith和Watts，1992；Gul，1999）。⑤FCF为企业自由现金流量，本章采用每股企业自由现金流量来表示，它等于（现金及现金等价物净增加额－筹资活动产生的现金流量净额）本期值/实收资本本期期末值。⑥II为股权集中度，由第一大股东持股比例来衡量。⑦ROA为企业盈利能力的代理变量，等于净利润/总资产。⑧CASH为企业的现金持有，等于企业期末货币资金的对数。⑨此外在回归模型中，我们还控制了年份（Year）和行业（Ind）等方面因素，ε表示随机误差项。

在本章的模型设计中，对于不同现金股利管制政策，我们采取了不同的时间窗口来研究，具体如下：

（1）在半强制分红政策模型中，时间窗口为2007—2010年，其中2007年为弱半强制分红年份[①]，2008—2010年为强半强制分红政策年份。

（2）在强制分红政策模型中，本章借鉴吴梦云和潘磊（2012）、李敬和姜德波（2017）、秦海林和潘丽莎（2019）等的研究，将时间窗口定为2008—2017年，其中2008—2010年为非强制分红时期，2011—2017年为强制分红时期。

通过划分不同时间窗口的方法进行研究，有如下好处：①传统的划分方式仅仅是按照政策前后所有时间来划分，这对于长时间的区间样本来说，可能会由于时间太长而混入其他因素干扰。②由于样本整体窗口期间出现多种政策，本书的划分方式有助于避免不同政策区间的互相影响。本章主要变量解释说明见表5-1。

---

① 由于研究的样本中有定向增发公司，而定向增发是2006年中期才出台的政策，此外定向增发需要一定的审批流程，因此将研究时间起点定为2007年。

表5-1　本章主要变量解释说明

变量名称	变量定义	变量说明
FH	现金股利支付意愿	派发现金股利时为1，否则为0
RE	每股现金股利	股利总额/普通股股数
Treat	组别虚拟变量	实施过定向增发赋值为1，反之赋值为0
After	时间虚拟变量	在处理组中，自定向增发当年及以后赋值为1，反之赋值为0
SIZE	公司规模	期末总资产的自然对数
LEV	资产负债率	期末总负债/期末总资产
SOE	产权性质	国有企业取1，非国有企业取0
TQ	投资机会	托宾Q值
FCF	企业自由现金流量	每股企业自由现金流量
CASH	现金持有量	企业期末货币资金的对数
II	股权集中度	第一大股东持股比例
ROA	盈利能力	净利润/总资产
Stq	企业生命周期衰退期	衰退期取值为1，否则为0
Csq	企业生命周期成熟期	成熟期取值为1，否则为0
Czq	企业生命周期成长期	成长期取值为1，否则为0
BQZ	半强制分红政策	2007年份取值为0，2008—2010年份取值为1
FHZC	强制分红政策	2008—2010年份取值为0，2011—2017年份取值为1
Ind	行业	表示行业的虚拟变量
Year	年份	表示年份的虚拟变量

三、描述性统计

表5-2列示了主要变量的描述性统计结果。由2007—2017年的全样本统计量结果发现，整个样本期间现金股利支付意愿的均值为0.764，表明有76.4%的公司倾向于支付现金股利；每股现金股利的均值为0.115，标准差为0.212，最大值为10.999，最小值为0，表明虽然大部分上市公司都倾向于支付现金股利，但是上市公司整体上现金股利水平较低，且不同公司之间的每股

现金股利具有较大差异。此外，整个样本期间公司的每股自由现金流量均值为 -0.220，标准差为 1.360，最小值为 -35.215，最大值为 28.936，表明我国上市公司普遍自由现金流量较差，且波动性较大，不同公司之间的自由现金流量也具有较大的差异。

表 5-2 主要变量描述性统计

变量	样本数	均值	标准差	最小值	最大值
RE	16791	0.115	0.212	0.000	10.999
FH	16791	0.764	0.424	0.000	1.000
SIZE	16791	22.052	1.255	19.781	25.991
LEV	16791	0.430	0.203	0.051	0.860
SOE	16791	0.444	0.497	0.000	1.000
TQ	16791	2.260	2.217	0.065	56.125
FCF	16791	-0.220	1.360	-35.215	28.936
II	16791	36.091	15.267	0.290	89.09
CASH	16791	20.129	1.352	12.107	26.494
ROA	16791	0.050	0.040	0.002	0.194

注：非整数数值保留到小数点后三位。

表 5-3 报告了主要变量以定向增发进行分组的描述性统计结果。从定向增发组（Treat=1&After=1）与非定向增发组（Treat=0）的对比来看，定向增发组的每股现金股利（RE）均值（0.103）小于非定向增发组的均值（0.136）；定向增发组的现金股利支付意愿（FH）均值（0.794）大于非定向增发组的均值（0.767）。这表明定向增发组的现金股利支付意愿大于非定向增发组，但是定向增发组的现金股利水平低于非定向增发组。

表 5-3 主要变量分组描述性统计

变量	非定向增发组（Treat=0）					定向增发组（Treat=1&After=1）				
	样本数	均值	标准差	最小值	最大值	样本数	均值	标准差	最小值	最大值
RE	6347	0.136	0.288	0.000	10.999	5770	0.103	0.152	0.000	2.000
FH	6347	0.767	0.423	0.000	1.000	5770	0.794	0.405	0.000	1.000
SIZE	6347	21.903	1.295	19.781	25.991	5770	22.591	1.134	19.781	25.991
LEV	6347	0.396	0.207	0.050	0.859	5770	0.459	0.192	0.051	0.859

续表

变量	非定向增发组（Treat=0）					定向增发组（Treat=1&After=1）				
	样本数	均值	标准差	最小值	最大值	样本数	均值	标准差	最小值	最大值
SOE	6347	0.469	0.499	0.000	1.000	5770	0.442	0.497	0.000	1.000
TQ	6347	2.562	2.673	0.089	56.125	5770	1.871	1.667	0.064	30.241
FCF	6347	−0.067	1.269	−22.658	28.936	5770	−0.353	1.517	−35.215	26.479
CASH	6347	19.712	1.203	12.116	25.309	5770	20.594	1.223	15.604	26.673
II	6347	36.161	14.637	3.950	88.55	5770	35.383	15.266	3.390	89.090
ROA	6347	0.052	0.039	0.002	0.194	5770	0.045	0.036	0.002	0.194

注：非整数数值保留到小数点后三位。

表5-4列示了样本现金股利行为的分组逐年变化趋势。从总样本来看，2007—2017年样本公司现金股利支付意愿和每股现金股利在总体上均呈现出上升趋势，但是无论是现金股利支付意愿还是每股现金股利的上升趋势均具有较大的不规则波动性。这也体现了样本期间监管部门不同股利管制政策对上市公司现金股利行为产生了不同的影响。另外我们还对定向增发组（Treat=1&After=1）和非定向增发组（Treat=0）进行了对比。从分组样本统计结果来看，非定向增发组的现金股利支付意愿与每股现金股利在年度上均呈现出不规则波动的上升趋势。定向增发组的现金股利支付意愿与每股现金股利在年度上亦呈现不规则波动的上升趋势。横向对比来看，在现金股利支付意愿方面，非定向增发组与定向增发组没有明显的大小关系，在一些年份（如2007年、2008年、2010年、2011年、2012年、2016年、2017年）定向增发组的现金股利支付意愿大于非定向增发组，而在另一些年份（如2009年、2013年、2014年、2015年）定向增发组的现金股利支付意愿小于非定向增发组。在每股现金股利方面，在各个年份上定向增发组的每股现金股利均小于非定向增发组。总体而言，在样本区间上市公司在总体上现金股利支付意愿和股利支付水平呈现逐渐上升的趋势，其中定向增发组的现金股利水平在各年份中普遍小于非定向增发组。

表 5-4　样本股利行为分组的趋势变化

年份	总样本 样本数	总样本 现金股利支付意愿均值	总样本 每股现金股利	定向增发组（Treat=1&After=1）样本数	定向增发组 现金股利支付意愿均值	定向增发组 每股现金股利	非定向增发组（Treat=0）样本数	非定向增发组 现金股利支付意愿均值	非定向增发组 每股现金股利
2007	970	0.603	0.092	110	0.673	0.096	350	0.600	0.098
2008	992	0.645	0.092	167	0.725	0.088	352	0.653	0.103
2009	1070	0.636	0.092	177	0.661	0.086	378	0.664	0.099
2010	1208	0.659	0.100	284	0.701	0.097	415	0.648	0.114
2011	1478	0.726	0.123	365	0.726	0.103	529	0.709	0.141
2012	1661	0.812	0.125	396	0.826	0.102	624	0.796	0.148
2013	1760	0.831	0.123	487	0.78	0.101	653	0.844	0.149
2014	1609	0.796	0.115	567	0.76	0.095	613	0.809	0.142
2015	1502	0.794	0.118	675	0.793	0.100	588	0.801	0.14
2016	2144	0.822	0.113	1179	0.826	0.104	811	0.819	0.131
2017	2397	0.839	0.136	1363	0.848	0.115	1034	0.826	0.163

注：非整数数值保留到小数点后三位。

第四节　实证分析

一、半强制分红政策、定向增发与现金股利

（一）相关性分析

表 5-5 报告了本小节主要变量的相关性分析结果。从相关性分析结果来看，半强制分红政策（BQZ）与企业每股现金股利（RE）的相关性不显著，这表明半强制分红政策没有提高上市公司的现金股利水平，初步证明了研究假设 5-1。此外，从表 5-5 中主要变量的相关性分析结果可以发现，自变量之间的相关性系数较小，不存在多重共线性问题。进一步地，我们还进行了膨胀因子检验（VIF），经检验后发现自变量膨胀因子的均值（Mean VIF）为 2.57，其中自变量最大的膨胀因子为 4.54。这再次表明自变量之间不存在较为严重的多重共线性问题。

表 5-5　主要变量相关性分析

变量	RE	BQZ	SIZE	LEV	SOE	TQ	FCF	II	ROA	CASH
RE	1.000									
BQZ	0.009	1.000								
SIZE	0.220***	0.049***	1.000							
LEV	−0.151***	−0.029*	0.410***	1.000						
SOE	0.007	−0.058***	0.294***	0.151***	1.000					
TQ	0.170**	−0.178***	−0.368***	−0.473***	−0.172***	1.000				
FCF	0.162	0.011	−0.100***	−0.129***	0.015	0.106***	1.000			
II	0.179***	−0.024	0.294***	0.046***	0.189***	−0.041***	−0.020	1.000		
ROA	0.508***	−0.007	−0.018	−0.420***	−0.138***	0.491***	0.180***	0.096***	1.000	
CASH	0.309***	0.092***	0.807***	0.220***	0.196***	−0.208***	0.016	0.225***	0.130***	1.000

注：*、**、***分别表示在10%、5%、1%水平上统计显著。

（二）回归结果

表 5-6 主要报告了半强制分红政策、定向增发与现金股利的实证分析结果。

表 5-6　半强制分红、定向增发与现金股利

变量	(1) 总样本 FH	(2) 定向增发组 FH	(3) 非定向增发组 FH	(4) 总样本 RE	(5) 定向增发组 RE	(6) 非定向增发组 RE
BQZ	−0.070 (−0.67)	−0.056 (−0.21)	−0.031 (−0.17)	−0.012* (−1.75)	−0.017 (−1.01)	−0.005 (−0.41)
SIZE	0.228*** (3.27)	0.178 (0.93)	0.322*** (2.70)	0.009** (2.09)	−0.004 (−0.33)	0.016** (2.12)
LEV	−1.867*** (−7.03)	−1.191 (−1.60)	−1.361*** (−3.14)	−0.065*** (−3.52)	−0.032*** (−0.70)	−0.026 (−0.85)
SOE	0.038 (0.47)	0.238 (1.22)	0.239 (1.60)	−0.004 (−0.75)	0.018 (1.43)	−0.001 (−0.10)
TQ	−0.157*** (−4.98)	−0.209** (−2.45)	−0.134** (−2.48)	−0.007*** (−4.00)	−0.008 (−1.67)	−0.005* (−1.73)
FCF	−0.136*** (−4.14)	−0.047 (−0.68)	−0.217*** (−3.08)	−0.003* (−1.66)	0.004 (0.95)	0.003 (0.70)
II	0.012*** (4.52)	−0.001 (−0.11)	0.016*** (3.49)	0.001*** (5.52)	−0.000 (−0.09)	0.002*** (5.04)
ROA	22.772*** (16.22)	22.981*** (6.04)	21.984*** (9.71)	2.214*** (28.16)	1.907 (9.83)	2.183*** (16.51)
CASH	0.370*** (6.77)	0.365** (2.38)	0.281*** (3.06)	0.037*** (9.91)	0.047* (5.02)	0.032*** (5.20)
行业/年份	Yes	Yes	Yes	Yes	Yes	Yes
Constant	−11.798*** (−11.86)	−10.879*** (−4.26)	−12.038*** (−7.20)	−0.956*** (−16.30)	−0.884** (−6.20)	−1.033*** (−10.55)
N	4240	738	1495	4240	738	1495
Pseudo R^2	0.188	0.129	0.234	1.471	24.906	1.265

注：括号内为 T 统计量，*、**、*** 分别表示在 10%、5%、1% 置信水平上通过显著性检验。

首先，在现金股利支付意愿方面，在总样本中，半强制分红政策与现金股利支付意愿呈负相关，如 BQZ 系数为−0.070（T 值为−0.67），但是相关性没有通过显著性检验，说明半强制分红政策的趋严并没有提高上市公司的现金股利支付意愿。在定向增发组和非定向增发组的分组回归中，半强制分红政策

与现金股利支付意愿的系数均不显著，说明半强制分红政策的趋严没有提高定向增发上市公司的现金股利支付意愿。

其次，在每股现金股利方面，从总样本来看，半强制分红政策与每股现金股利呈负相关，如 BQZ 系数为 -0.012（T 值为 -1.75），并且在 10% 的置信水平上通过显著性检验，说明半强制分红政策的趋严反而降低了上市公司的现金股利水平。在定向增发组和非定向增发组的分组回归中，半强制分红政策与每股现金股利的系数均不显著，说明半强制分红政策的趋严并没有提高定向增发上市公司的现金股利水平。

在控制变量中，从总样本来看，公司规模与现金股利支付意愿显著正相关，表明规模越大的公司，越倾向于实施现金股利行为。企业资产负债率与现金股利支付意愿及每股现金股利均显著负相关，表明资产负债率越低的公司越倾向于支付或支付更多的现金股利。企业增长机会与现金股利支付意愿及每股现金股利均显著负相关，表明企业投资机会越多，越倾向于不支付或支付更低水平的现金股利。企业自由现金流量与现金股利支付意愿及每股现金股利均显著负相关。第一大股东持股比例与现金股利支付意愿及每股现金股利显著正相关，表明大股东持股比例越高，越倾向于支付或支付更高水平的现金股利。企业盈利能力与现金股利支付意愿及每股现金股利显著正相关，表明盈利能力越强的企业越倾向于支付或支付更高水平的现金股利。现金持有量与现金股利支付意愿及每股现金股利显著正相关，表明企业持有越多的现金，越倾向于支付或支付更高水平的现金股利。

二、强制分红政策、定向增发与现金股利

（一）相关性分析

表 5-7 报告了本小节主要变量的相关性分析结果。从相关性分析结果来看，强制分红政策（FHZC）与企业每股现金股利（RE）显著正相关，表明强制分红政策显著提高了上市公司的现金股利水平，初步证明了研究假设 5-2。此外，从表 5-7 中主要变量的相关性分析结果可以发现，自变量之间的相关性系数较小，不存在多重共线性问题。进一步地，我们还进行了膨胀因子检验（VIF），经检验后发现自变量膨胀因子的均值（Mean VIF）为 2.68，其中自变量最大的膨胀因子为 5.53。这再次表明自变量之间不存在较为严重的多重共线性问题。

表 5-7 主要变量相关性分析

变量	RE	BQZ	SIZE	LEV	SOE	TQ	FCF	II	ROA	CASH
RE	1.000									
FHZC	0.052***	1.000								
SIZE	0.176***	0.104***	1.000							
LEV	-0.122***	-0.127***	0.512***	1.000						
SOE	-0.009	-0.183***	0.322***	0.303***	1.000					
TQ	0.051***	0.027***	-0.438***	-0.420***	-0.247***	1.000				
FCF	0.212***	-0.043***	-0.046***	-0.091***	0.086***	0.078***	1.000			
II	0.127***	-0.046***	0.233***	0.088***	0.216***	-0.087***	0.031***	1.000		
ROA	0.445***	-0.035***	-0.095***	-0.402***	-0.144***	0.362***	0.181***	0.080***	1.000	
CASH	0.257***	0.108***	0.829***	0.300***	0.232***	-0.311***	0.024***	0.209***	0.053***	1.000

注：括号内为 T 统计量，*、**、*** 分别表示在 10%、5%、1%水平上统计显著。

（二）回归结果

表 5-8 主要报告了强制分红政策、定向增发与现金股利的实证分析结果。

表 5-8 强制分红政策、定向增发与现金股利

变量	(1) 总样本 FH	(2) 定向增发组 FH	(3) 非定向增发组 FH	(4) 总样本 RE	(5) 定向增发组 RE	(6) 非定向增发组 RE
FHZC	0.748*** (7.35)	0.636*** (3.03)	0.845*** (5.03)	0.038*** (6.30)	0.033*** (2.84)	0.061*** (5.68)
SIZE	0.213*** (5.22)	0.312*** (4.16)	0.287*** (4.37)	0.012*** (5.50)	0.019*** (5.08)	0.020*** (5.36)
LEV	−2.776*** (−18.43)	−2.612*** (−9.15)	−2.787*** (−11.89)	−0.110*** (−12.79)	−0.097*** (−6.66)	−0.113*** (−7.85)
SOE	−0.149** (−3.07)	−0.033 (−0.42)	−0.165** (−1.93)	−0.013*** (−4.64)	0.004 (0.99)	−0.023*** (−4.59)
TQ	−0.188*** (−12.08)	−0.248*** (−7.90)	−0.156*** (−7.02)	−0.013*** (−14.55)	−0.017*** (−10.51)	−0.012*** (−8.70)
FCF	−0.103*** (−5.78)	−0.072*** (−2.65)	−0.174*** (−5.14)	−0.001 (−0.12)	−0.003*** (−3.22)	0.004** (2.10)
II	0.009*** (6.34)	−0.002 (−1.06)	0.016*** (6.04)	0.001*** (10.30)	0.000** (2.20)	0.001*** (8.46)
ROA	22.351*** (26.08)	21.150*** (13.64)	23.802*** (17.33)	2.562*** (68.06)	2.461*** (37.62)	2.73*** (45.33)
CASH	0.303*** (9.68)	0.238*** (4.21)	0.273*** (5.51)	0.031*** (17.30)	0.025*** (8.36)	0.030*** (10.31)
行业/年份	Yes	Yes	Yes	Yes	Yes	Yes
Constant	−10.054*** (−17.47)	−10.646*** (−9.82)	−11.099*** (−11.71)	−0.926*** (−30.73)	−0.940*** (−18.24)	−1.117*** (−21.79)
N	15821	5660	5997	15821	5660	5997
Pseudo R^2	0.189	0.130	0.239	11.929	−2.022	2.420

注：括号内为 T 统计量，*、**、*** 分别表示在 10%、5% 和 1% 置信水平上通过显著性检验。

在现金股利支付意愿（FH）方面，在总样本中，强制分红政策（FHZC）与现金股利支付意愿呈正相关，如 FHZC 系数为 0.748（T 值为 7.35），且在 1% 的置信区间通过显著性检验，说明强制分红政策提高了上市公司的现金股

利支付意愿。在定向增发组和非定向增发组的分组回归中,强制分红政策与现金股利支付意愿的系数均显著正相关,且非定向增发组的系数 0.845 大于定向增发组的系数 0.636[①]。

在每股现金股利支付率方面,在总样本中,强制分红政策与每股现金股利呈正相关,如 FHZC 系数为 0.038（T 值为 6.30）,并且在 1% 的置信水平上通过显著性检验,说明强制分红政策提高了上市公司的现金股利水平。在定向增发组和非定向增发组的分组回归中,强制分红政策与每股现金股利的系数均显著正相关,且非定向增发组的系数 0.061 大于定向增发组的系数 0.033。这再次说明强制分红政策提高了上市公司的现金股利水平,且对于非定向增发组的影响要大于定向增发组。上述结论表明,证监会的强制分红政策提高了上市公司的现金股利支付意愿与现金股利支付水平,但强制分红政策对于定向增发公司的影响要弱于非定向增发公司。

三、稳健性检验

（一）采取变换被解释变量的方式

我们采用现金股利支付率（RG）来替换每股现金股利（RE）,回归结果如表 5-9 所示。回归结果表明,半强制分红政策（BQZ）与现金股利支付率（RG）之间显著负相关,且在根据是否实施定向增发进行分组后,与前文所得结论仍保持一致。另外如表 5-10 显示,强制分红政策（FHZC）与现金股利支付率（RG）之间显著正相关,且在根据是否实施定向增发进行分组后,与前文所得结论亦保持一致。这表明本书研究结果得到了验证,结果稳健。

表 5-9　半强制分红、定向增发与现金股利——稳健性检验 1

变量	(1) 总样本 RG	(2) 定向增发组 RG	(3) 非定向增发组 RG
BQZ	−0.026* (−1.82)	−0.021 (−0.71)	−0.021 (−0.84)

---

① 在表 5-8 中,列 (2) 和列 (3) "经验 P 值"为 0.30,未通过显著性检验;列 (5) 和列 (6) 的"经验 P 值"为 0.022,在 5% 的水平上显著,表明列 (5) 和列 (6) 组间 Treat * After 系数具备显著差异。

续表

变量	(1) 总样本 RG	(2) 定向增发组 RG	(3) 非定向增发组 RG
SIZE	0.004 (0.47)	0.016 (0.78)	0.023* (1.66)
LEV	−0.377*** (−10.53)	−0.312*** (−3.88)	−0.311*** (−5.32)
SOE	−0.008 (−0.70)	0.010 (0.45)	−0.012 (−0.59)
TQ	−0.013*** (−3.62)	−0.008 (−0.85)	−0.013** (−2.17)
FCF	−0.013*** (−3.15)	0.001 (0.22)	−0.021*** (−2.61)
II	0.002*** (6.74)	0.001 (0.37)	0.004*** (6.15)
ROA	1.082*** (7.05)	0.187 (0.54)	0.989*** (3.94)
CASH	0.051*** (7.18)	0.028* (1.72)	0.040*** (3.47)
行业/年份	Yes	Yes	Yes
Constant	−0.818*** (−7.04)	−0.620** (−2.44)	−0.949*** (−5.03)
N	4240	738	1495
Pseudo R^2	0.150	0.107	0.205

注：括号内为 T 统计量，*、**、*** 分别表示在 10%、5%、1%置信水平上通过显著性检验。

表 5−10　强制分红政策、定向增发与现金股利——稳健性检验 1

变量	(1) 总样本 RG	(2) 定向增发组 RG	(3) 非定向增发组 RG
FHZC	0.048*** (4.61)	0.049** (2.33)	0.060*** (3.46)
SIZE	0.001 (0.40)	0.012* (1.87)	0.012** (1.98)

续表

变量	(1) 总样本 RG	(2) 定向增发组 RG	(3) 非定向增发组 RG
LEV	−0.391*** (−26.12)	−0.331*** (−12.68)	−0.412*** (−17.42)
SOE	−0.030*** (−6.16)	−0.010 (−1.37)	−0.046*** (−5.46)
TQ	−0.017*** (−11.21)	−0.019*** (−6.62)	−0.017*** (−7.78)
FCF	−0.002 (−1.10)	−0.001 (−0.26)	−0.004 (−1.57)
II	0.002*** (11.99)	0.000* (1.92)	0.003*** (11.99)
ROA	0.589*** (9.06)	0.263** (2.26)	0.700*** (7.12)
CASH	0.035*** (11.59)	0.023*** (4.33)	0.033*** (6.87)
行业/年份	Yes	Yes	Yes
Constant	−0.466*** (−8.92)	−0.466*** (−5.05)	−0.626*** (−7.46)
N	15821	5660	5997
Pseudo R^2	0.232	0.161	0.299

注：括号内为T统计量，*、**、***分别表示在10%、5%、1%置信水平上通过显著性检验。

（二）采取增加控制变量的方式

为了使结果更加稳健，本书增加了董事会规模（BSIZE）、两职兼一（DAUL）、独立董事比例（IDP）等控制变量。其中，董事会规模直接采用年末董事会人数来衡量；两职兼一表示企业董事长和总经理是否由一人兼职，若由一人来兼职则赋值为1，否则为0；独立董事比例等于独立董事人数除以董事会规模。表5-11回归结果表明，半强制分红政策（BQZ）与现金股利支付意愿（FH）和每股现金股利（RE）之间的关系不显著，与前文所得结论保持一致，即半强制分红政策未提高上市公司的现金股利支付意愿和现金股利支付水平。另外，如表 5-12 显示，强制分红政策（FHZC）与现金股利支付意愿（FH）和每股现金股利（RE）之间呈显著正相关。进一步区分定向增发与非定向增发组后，定向增发组中强制分红政策与现金股利支付意愿和每股现金股利之间的系数小于非定向增发组，与前文所得结论亦保持一致。这表明本书研究结果得到了验证，结果稳健。

表 5-11 半强制分红、定向增发与现金股利——稳健性检验 2

变量	(1) 总样本 FH	(2) 定向增发组 FH	(3) 非定向增发组 FH	(4) 总样本 RE	(5) 定向增发组 RE	(6) 非定向增发组 RE
BQZ	−0.036 (−0.34)	−0.035 (−0.05)	0.009 (0.05)	−0.010 (−1.44)	−0.016 (−0.93)	−0.003 (−0.23)
SIZE	0.217*** (3.04)	0.144 (0.05)	0.277** (2.25)	0.008* (1.73)	−0.008 (−0.69)	0.013* (1.78)
LEV	−1.931*** (−7.16)	−1.174 (−0.05)	−1.371*** (−3.08)	−0.069*** (−3.72)	−0.029 (−0.63)	−0.037 (−1.19)
SOE	0.025 (0.30)	0.176 (0.05)	0.278* (1.81)	−0.005 (−0.85)	0.014 (1.06)	−0.001 (−0.10)
TQ	−0.157*** (−4.93)	0.221 (0.05)	−0.143*** (−2.60)	−0.008*** (−4.06)	−0.009* (−1.90)	−0.007** (−2.04)
FCF	−0.135*** (−4.07)	0.030** (0.05)	−0.216*** (−3.06)	0.003 (1.51)	0.004 (1.06)	0.002 (0.53)
II	0.012*** (4.56)	0.001 (0.05)	0.017*** (3.45)	0.001*** (5.82)	0.000 (0.26)	0.001*** (5.16)
ROA	22.445*** (15.78)	22.690*** (0.05)	22.354*** (9.63)	2.199*** (27.64)	1.925*** (9.80)	2.169*** (16.25)
CASH	0.379*** (6.78)	0.374*** (0.05)	0.313*** (3.30)	0.037*** (9.81)	0.048*** (5.08)	0.033*** (5.37)
BSIZE	0.033 (1.45)	0.076 (0.05)	0.030 (0.76)	0.005*** (3.58)	0.007** (2.21)	0.006** (2.31)
DAUL	0.109 (1.00)	0.178 (0.05)	0.320 (1.61)	0.019** (2.63)	0.016 (0.98)	0.029** (2.16)
IDP	−1.327* (−1.74)	0.380 (0.05)	−0.562 (−0.39)	−0.122** (−2.45)	0.001 (0.01)	−0.242*** (−2.67)
行业/年份	Yes	Yes	Yes	Yes	Yes	Yes
Constant	−11.556*** (−11.22)	−11.202*** (−4.26)	−11.822*** (−6.81)	−0.941*** (−15.48)	−0.882*** (−5.78)	−0.973*** (−9.62)

续表

变量	(1) 总样本 FH	(2) 定向增发组 FH	(3) 非定向增发组 FH	(4) 总样本 RE	(5) 定向增发组 RE	(6) 非定向增发组 RE
N	4175	728	1468	4175	728	1468
Pseudo R^2	0.190	0.129	0.239	1.475	16.284	1.288

注：括号内为T统计量，*、**、*** 分别表示在10％、5％、1％置信水平上通过显著性检验。

表5-12 强制分红政策、定向增发与现金股利——稳健性检验2

变量	(1) 总样本 FH	(2) 定向增发组 FH	(3) 非定向增发组 FH	(4) 总样本 RE	(5) 定向增发组 RE	(6) 非定向增发组 RE
FHZC	0.760*** (7.34)	0.665*** (3.09)	0.839*** (4.90)	0.040*** (6.54)	0.035*** (2.99)	0.062*** (5.78)
SIZE	0.205*** (4.93)	0.299*** (3.90)	0.279*** (4.17)	0.011*** (5.00)	0.018*** (4.71)	0.019*** (5.23)
LEV	−2.813*** (−18.54)	−2.650*** (−9.22)	−2.808*** (−11.86)	−0.111*** (−12.89)	−0.097*** (−6.65)	−0.115*** (−7.99)
SOE	−0.152*** (−3.03)	−0.027 (−0.33)	−0.149* (−1.69)	−0.013*** (−4.67)	0.003 (0.81)	−0.023*** (−4.42)
TQ	−0.186*** (−11.80)	−0.251*** (−7.87)	−0.154*** (−6.88)	−0.013*** (−14.42)	−0.017*** (−10.49)	−0.012*** (−8.58)
FCF	−0.102*** (−5.70)	−0.069** (−2.53)	−0.173*** (−5.14)	−0.000 (−0.01)	−0.004*** (−3.17)	0.004** (2.20)
II	0.010*** (6.62)	−0.002 (−0.82)	0.016*** (6.15)	0.001*** (10.76)	0.000** (2.44)	0.001*** (8.75)
ROA	22.058*** (25.59)	20.956*** (13.47)	23.754*** (17.15)	2.551*** (67.56)	2.465*** (37.57)	2.711*** (44.88)
CASH	0.301*** (9.53)	0.239*** (4.22)	0.268*** (5.35)	0.031*** (17.15)	0.025*** (8.41)	0.030*** (10.17)
BSIZE	0.057*** (3.83)	0.040 (1.61)	0.066*** (2.72)	0.004*** (5.50)	0.003** (2.27)	0.005*** (3.29)
DAUL	0.206*** (3.74)	0.190** (2.06)	0.335*** (3.55)	0.012*** (4.17)	0.005 (1.15)	0.020*** (3.88)
IDP	−0.990** (−2.28)	−1.037 (−1.49)	−0.890 (−1.16)	−0.047*** (−1.95)	−0.034 (−0.94)	−0.101** (−2.30)

续表

变量	(1) 总样本 FH	(2) 定向增发组 FH	(3) 非定向增发组 FH	(4) 总样本 RE	(5) 定向增发组 RE	(6) 非定向增发组 RE
行业/年份	Yes	Yes	Yes	Yes	Yes	Yes
Constant	−9.977*** (−16.76)	−10.394*** (−9.29)	−11.090*** (−11.31)	−0.926*** (−29.85)	−0.933*** (−17.67)	−1.111*** (−20.97)
N	15821	5660	5997	15821	5660	5997
Pseudo R^2	0.192	0.113	0.242	12.832	−2.031	2.486

注：括号内为 T 统计量，*、**、*** 分别表示在 10％、5％、1％置信水平上通过显著性检验。

第五节 进一步分析

为了进一步考察强制分红政策对于不同生命周期的定向增发企业现金股利行为的影响，本节对定向增发企业的生命周期进行了划分。国内外学者提出了多种企业生命周期的划分方法，具体可分为两类：①以李云鹤等（2011）为代表，在借鉴 Anthony 和 Ramesh（1992）的基础上形成的综合打分法，主要运用销售收入增长率、留存收益率、资本支出率及企业年龄等四个指标来划分企业发展阶段。②以董竹和张欣（2019）为代表，由 Dickinson（2011）提出的现金流组合分类法，根据企业的经营活动现金流、筹资活动现金流和投资活动现金流的符号来对企业的生命周期进行划分。本书对两种具有代表性的划分方法均进行尝试，通过比较两种划分结果来进行选择。根据结果对比，本书最终采用以董竹和张欣（2019）为代表的现金流划分标准。具体原因如下：①根据李云鹤（2011）的划分标准，样本中衰退期企业样本较多[①]，这与资本市场的现状相悖。这是由于这种划分方式要求总样本在各个生命周期阶段平均分布，因此存在一定的局限性。②陈少华和陈爱华（2012）曾详细对比过现金流组合分类法与综合打分法的优劣，他们认为综合打分法中的单一指标的权重划分具备较大的随意性，而现金流组合分类法从整体上反映了企业日常经营活动、投资活动和融资活动的全过程，同时又能很好地克服综合打分法的弊端。因此，

---

① 以 2008—2017 年样本区间为例，在总样本中衰退期定向增发样本数量为 2618，成熟期定向增发样本数量为 1228，成长期定向增发样本数量为 1807。

以现金流组合分类法来划分的结果，能更好地体现出企业的生命周期。本书定向增发企业生命周期划分标准如表 5-13 所示。

表 5-13 企业不同生命周期阶段的现金流特征组合[①]

现金流	成长期		成熟期				衰退期	
	初创期	成长期	成熟期	动荡期	动荡期	动荡期	衰退期	衰退期
经营活动现金流净额符号	−	+	+	−	+	+	−	−
投资活动现金流净额符号	−	−	−	−	+	+	+	+
筹资活动现金流净额符号	+	+	−	−	+	−	+	−

表 5-14 主要报告了强制分红政策对定向增发企业现金股利行为的影响（基于生命周期视角）的实证分析结果。在成长期定向增发样本中，强制分红政策（FHZC）与现金股利意愿（FH）以及每股现金股利（RE）显著正相关，如系数分别为 0.807（T 值为 3.06）和 0.036（T 值为 2.56），并分别在 1%和 5%的置信水平上通过显著性检验，表明强制分红政策显著提高了成长期定向增发企业的现金股利支付意愿和现金股利水平。在成熟期定向增发样本中，强制分红政策与现金股利意愿以及每股现金股利呈正相关，但没有通过显著性检验，如系数分别为 0.437（T 值为 1.10）和 0.027（T 值为 1.24），表明强制分红政策无法提高成熟期定向增发企业的现金股利支付意愿和现金股利水平。在衰退期定向增发样本中，强制分红政策与现金股利意愿呈正相关，但是没有通过显著性检验，如系数为 1.755（T 值为 1.53）；强制分红政策与每股现金股利呈正相关，如系数为 0.082（T 值为 2.16），并在 5%的置信水平上通过显著性检验。这表明对于衰退期定向增发企业而言，强制分红政策的影响主要体现在提升了现金股利水平。由此可见，强制分红政策对定向增发企业现金股利行为的影响在不同生命周期存在差异，具体表现为：强制分红政策提升了成长期定向增发企业的现金股利支付意愿和支付水平，同时仅提升了衰退期定向增发企业的现金股利支付水平；而在成熟期定向增发企业中强制分红政策对企业现金股利行为未能产生显著影响。

---

① 具体现金流划分解释可查阅：董竹，张欣.现金股利政策差异化、股利分红意愿与分红水平[J].改革，2019（11）：102-116.

表 5-14　强制分红政策、定向增发与现金股利——基于生命周期理论

变量	(1) 成长期 FH	(2) 成熟期 FH	(3) 衰退期 FH	(4) 成长期 RE	(5) 成熟期 RE	(6) 衰退期 RE
FHZC	0.807*** (3.06)	0.437 (1.10)	1.755 (1.53)	0.036** (2.56)	0.027 (1.24)	0.082** (2.16)
SIZE	0.187* (1.86)	0.447*** (3.53)	0.701* (1.69)	0.005 (1.15)	0.034*** (5.33)	0.025* (1.94)
LEV	−2.426*** (−6.23)	−3.304*** (−6.98)	−1.673 (−1.16)	−0.097*** (−5.13)	−0.127*** (−5.10)	−0.055 (−1.18)
SOE	−0.051 (−0.48)	0.039 (0.29)	0.265 (0.70)	0.002 (0.47)	0.003 (0.51)	0.011 (0.92)
TQ	−0.225*** (−5.66)	−0.300*** (−5.58)	−0.015 (−0.07)	−0.015*** (−7.25)	−0.022*** (−7.61)	0.002 (0.32)
FCF	−0.068* (−1.90)	−0.003 (−0.06)	−0.261 (−1.32)	−0.009*** (−6.32)	0.012*** (3.71)	−0.008* (−1.73)
II	0.001 (0.46)	−0.007* (−1.83)	−0.002 (−0.23)	0.000** (2.38)	0.000 (0.74)	−0.000 (−0.25)
ROA	23.490*** (10.36)	19.226*** (8.32)	16.580*** (2.01)	2.365*** (26.35)	2.512*** (24.26)	1.440*** (5.48)
CASH	0.346*** (4.33)	0.135 (1.49)	−0.041 (−0.15)	0.028*** (7.19)	0.020*** (4.11)	0.014 (1.48)
行业/年份	Yes	Yes	Yes	Yes	Yes	Yes
Constant	−10.761*** (−7.58)	−10.559*** (−5.77)	−13.957** (−2.26)	−0.714*** (−10.82)	−1.159*** (−13.31)	−0.886** (−4.66)
N	3277	2157	219	3277	2157	219
Pseudo R^2	0.110	0.153	0.167	−1.017	−24.891	−0.741

注：括号内为 T 统计量，*、**、*** 分别表示在 10%、5%、1% 置信水平上通过显著性检验。

第六节　本章小结

本章实证研究了在定向增发政策出台后，我国监管部门一系列现金股利管制政策对我国上市公司现金股利行为（基于定向增发视角）的管制效果。首

先，通过描述性统计分析发现，总体而言，证监会一系列现金股利管制政策颁布和实施后，我国大部分上市公司已经开始实施现金分红行为。但是现金股利水平普遍较低，分红问题已经由不分红转变为分红少。本章回归分析的主要结论有：①在定向增发政策出台后，半强制分红政策不能提高上市公司的现金股利支付意愿和现金股利水平。且在区分定向增发行为后，半强制分红政策的效果仍不明显，即半强制分红政策没有提高定向增发上市公司的现金股利支付意愿和现金股利水平。②强制分红政策显著提高了上市公司的现金股利意愿和现金股利水平。这表明相较于将再融资资格与现金股利挂钩的半强制分红政策而言，针对全体上市公司的强制分红政策可有效地改善上市公司的分红行为。③给定其他条件相同的情况下，强制分红政策对定向增发公司的影响要弱于非定向增发公司。这意味着定向增发削弱了分红管制政策的实施效果。这也从侧面佐证了有融资需求的定向增发上市公司，在定向增发后会倾向于减少现金股利的发放。此外，本章还发现：在不同生命周期的定向增发企业中，强制分红管制政策的实施效果呈现出差异性。具体而言：强制分红政策提升了成长期定向增发企业的现金股利支付意愿和支付水平，同时也提升了衰退期定向增发企业的现金股利支付水平；而在成熟期定向增发企业中强制分红政策对企业现金股利行为的影响不显著。

　　本章分区间对我国监管部门一系列分红管制政策的实施效果进行了研究，并基于定向增发视角分析了一系列分红管制政策对定向增发企业与非定向增发企业实施效果的差异。此外，还进一步研究了分红管制政策对处于不同生命周期的定向增发企业的实施效果，拓展了现金股利管制政策的研究视角，从研究方法上丰富和完善了现金股利管制政策的研究。研究结论表明，与以往部分学者的研究结论有所不同，在半强制分红政策中，自定向增发推出后，与再融资资格挂钩的半强制分红政策没有提高上市公司的现金股利支付意愿和现金股利水平；且在进一步区分定向增发与非定向增发企业后，半强制分红政策仍然没有效果。原因是半强制分红政策仅对有公开融资行为的上市公司有约束力，而定向增发属于非公开融资行为，上市公司在有融资需求时完全可以通过定向增发绕过半强制分红政策的约束。而在2011年后，监管部门出台的一系列强制分红管制政策显著提高了上市公司的现金股利支付意愿和现金股利支付水平，但是强制分红政策的实施效果在定向增发企业中要弱于非定向增发企业。此外本章研究还发现，针对定向增发企业的生命周期进行划分后，强制分红政策的效果主要体现在成长期和衰退期的定向增发企业，而对于成熟期的定向增发企业效果不明显，这是当前其他学者研究尚未涉及的领域。从理论上来说，相较于成长期和衰退期的定向增发企业，成熟期的定向增发企业由于面临较少的投资机会，同时拥有更高的现金流，理应在强制分红政策的刺激下更加积极主动地提高企业现金股利的分红力度，然而本章所得研究结论则恰恰相反。这表明现金股利管制政策的"监管悖论"问题不仅存在于半强制分红政策中，亦存在于强制分红政策中。

第六章 研究结论、政策建议与研究展望

本章是对前文研究的总体回顾,并提出相应政策建议以及研究展望。一方面,为使本书呈现出更强的逻辑性与连贯性,按照前述研究思路和研究内容,分别对各章节的主要研究结论进行了全面的梳理。另一方面,为发挥本书研究结论对我国资本市场治理的指导作用,在参考本书研究结论的基础上,对我国资本市场"重融资、轻回报"的现象以及定向增发中的利益输送行为的治理,有针对性地给出了政策建议。同时,本章还结合本书研究的不足,提出了下一步研究的方向。

第一节 研究结论

本书以2007—2017年的A股上市公司为研究样本,围绕定向增发、现金股利、大股东资金占用与定向增发企业业绩四个维度,结合我国监管部门出台的现金股利管制政策对定向增发企业现金股利行为的影响,进行了系统的实证分析,为厘清现阶段我国资本市场中现金股利、大股东资金占用在定向增发中的角色提供一个更为清晰的认识,也为解决定向增发中存在的"SEO业绩之谜"提供一个新的解释和治理角度。最后,鉴于现金股利在定向增发中的治理作用以及从减少我国资本市场"重融资、轻回报"问题出发,加上考虑到长期以来我国企业整体上现金股利发放的主动性不强,仅通过内部治理因素来促使定向增发企业提高现金股利回报略显单薄,因此,还从外部治理的现金股利管制视角出发,对一系列股利管制政策对定向增发企业现金股利的影响进行了分析,使研究过程更完整。研究发现:

(1)我国上市公司在定向增发后显著减少了现金股利的发放,证明从整体上看在定向增发中大股东没有通过现金股利实施"掏空"行为。

国外相关学者的研究表明,现金股利是上市公司回报投资者的重要方式之

一,也是保护中小投资者利益的重要手段。然而,国内学者以往针对定向增发的研究大多将定向增发中的现金股利视为大股东"掏空"上市公司的手段,仿佛定向增发中上市公司现金股利发放得越多,越体现出大股东通过现金股利的"掏空"程度。本书认为,如果定向增发中的现金股利是大股东"掏空"行为,那么定向增发后现金股利的发放一定会增加,同时这种现金股利行为还必须传递盈利能力下降的信号,否则不能仅仅根据定向增发后现金股利是增加了还是减少了来判断是否是大股东的"掏空"行为。本书针对这一疑问进行了探究,均值检验和中位数检验均表明,定向增发后上市公司现金股利发放显著减少,基于双重差分的多元回归模型亦证明了这一结论。此外,研究还发现定向增发后上市公司过度分红的行为也没有显著增加,表明定向增发后大股东并没有通过增加现金股利或者超能力派现的方式实施"掏空"行为。更有意义的是,本书研究还发现定向增发中的现金股利具备信号效应和治理作用,正向调节了定向增发与公司会计业绩之间的负向关系,再次证明定向增发中现金股利不是大股东"掏空"的手段,但现金股利治理作用的具体路径还不清晰,这为后续研究在定向增发中以现金股利为手段的治理机制提供了前提条件。

(2)我国上市公司在定向增发后大股东资金占用行为显著增加,证明了定向增发中大股东会通过资金占用实施"掏空"行为。

由于我国上市公司长期存在"一股独大"的股权背景,资本市场中大股东与中小股东的代理问题较为突出。定向增发是一种股权再融资方式,企业通过实施定向增发在短期内获得大量的现金流,往往会导致定向增发企业的大小股东代理问题更为严重。本书研究发现,在定向增发后大股东对上市公司的资金占用行为显著增加。在此基础上,本书还分别从内部控制水平、产权性质、现金股利水平等方面考察了定向增发后大股东资金占用行为的差异。研究结果表明,上市公司内部控制能够显著抑制大股东在定向增发后的资金占用行为;相较于国有企业,非国有企业大股东在定向增发后的资金占用行为更加强烈;在高分红水平企业中,大股东在定向增发后的资金占用行为没有显著增加,而在低分红水平企业中大股东在定向增发后的资金占用行为显著增加。最后,本书还试图探讨现金股利对定向增发中大股东资金占用行为的治理效应。研究发现,现金股利可以显著地抑制定向增发后大股东的资金占用行为。这亦进一步佐证了前文现金股利在定向增发中不是大股东"掏空"手段的观点。进一步研究发现,企业现金股利水平和行为差异是影响现金股利在定向增发与大股东资金占用关系中治理效应的重要因素,即在高分红组中,大股东在定向增发后的资金占用行为没有显著增加;在中等分红组中,定向增发后大股东的资金占用行为显著增加，其中现金股利抑制了定向增发后大股东资金占用行为；而在微分红组中，定向增发后大股东的资金占用行为显著增加，但是现金股利的治理效应不显著。此外，相较于正常分红的企业，过度分红的企业在定向增发后大股东资金占用行为更为强烈。同时，在过度分红的企业中，现金股利在定向增发中的治理效应不显著，而在正常分红的企业中现金股利显著抑制了大股东在定向增发后的资金占用行为。至此，本书较为系统地讨论了大股东在定向增发中的资金占用行为。此外，还从理论和实证的角度证明了现金股利在定向增发中具备缓解大股东代理问题的作用，将帮助投资者识别和治理定向增发中大股东的资金占用行为。

（3）半强制分红政策不能提高定向增发企业的现金股利支付意愿和水平，强制分红政策显著提高了企业的现金股利支付意愿和水平，但是这种政策对定向增发企业的影响要弱于没有定向增发的企业。

基于我国资本市场"重融资、轻回报"的现状，上市公司现金股利水平普遍较低，监管部门的现金股利管制政策能否提升定向增发企业的现金股利发放意愿和水平，对减少资本市场"重融资、轻回报"问题起着重要作用。研究发现，半强制分红政策不能提高定向增发上市公司的现金股利支付意愿和现金股利水平，强制分红政策可显著提高上市公司的现金股利支付意愿和现金股利水平。给定条件相同的情况下，强制分红政策的实施效果对定向增发公司的影响要弱于非定向增发公司，这意味着定向增发削弱了分红管制政策的实施效果。进一步区分定向增发企业的生命周期后，发现强制分红政策仅对成长期和衰退期的定向增发企业有效，而对成熟期的定向增发企业无效，说明在强制分红政策对定向增发企业的影响中也存在"监管悖论"。

第二节 政策建议

本书研究表明，在我国，上市公司在定向增发过程中仍然存在着代理问题，这种代理问题主要体现为大小股东之间的代理问题。我国上市公司中小股东人数众多，股权较为分散，难以对大股东形成有效制约，从而导致在定向增发中出现严重的大股东代理问题，即大股东在定向增发中通过资金占用行为侵害上市公司和中小股东的利益，这也是定向增发中存在"SEO业绩之谜"的重要因素。此外，现金股利可以抑制定向增发过程中大股东资金占用行为，从而正向调节定向增发与现金股利之间的负向关系。这表明定向增发中现金股利不是大股东实施"掏空"行为的手段，而是抑制大股东"掏空"行为的治理手段。因此，本书的研究成果不仅支持和拓展了定向增发及股利代理理论，还对进一步改善资本市场长期存在的"重融资、轻回报"问题具有重要的意义。基于本书实证研究的结论，本书从以下几个角度提出了政策建议：

（1）完善上市公司内部治理框架，制定并出台适度连续的现金股利政策，鼓励大股东积极参与定向增发。

首先，上市公司要不断加强内部控制制度的建设。上市公司需定期向市场披露自我评价结果与鉴证报告，主动向市场传递公司的经营情况与治理状况等信息。通过这一系列内控措施，可以有效降低大股东与中小股东之间的信息不对称程度，增加大股东实施利益输送行为的成本，从而大大降低大股东"掏空"的净收益。此外，内部控制制度在抑制大股东资金占用行为、改善企业盈利能力、减少企业融资约束等方面也具有重要作用。具体来说，良好的内部控制制度可以有效约束大股东的侵占行为，减少大股东与中小股东之间的代理成本，从而改善企业的盈利能力，而盈利能力的提升又会带来公司现金流的增加，为日后再融资活动的顺利实施创造条件。

其次，上市公司需制定适度连续的现金股利政策。本书研究结论显示，现金股利能抑制大股东的资金占用行为。现金股利的发放能够缓解自由现金流量带来的代理问题，从而抑制定向增发中大股东的资金占用行为，正向调节企业的业绩，而企业业绩的上升又能带来更多的现金流，用以补偿支付现金股利的成本。此外，企业适度连续的现金股利政策，既是企业回报投资者的重要方式之一，又能给投资者形成良好的预期，从而有利于定向增发后企业市场业绩的表现；同时，具备良好现金股利的企业也更容易进行后续的股权再融资。因此，综合来看，实施稳定连续的现金股利政策，对于企业和股东而言都是利大于弊的。当然，企业也要着力避免微股利和过度分红现象。本书研究发现，在微股利行为的企业中现金股利的治理效应不显著，而在过度分红的企业中大股东资金占用行为更为严重。因此，现金股利的治理作用虽然有效，但现金股利的发放也应适度，异常高的派现水平背后往往是大股东更为严重的资金占用行为；微股利水平则会留存过多的自由现金流，削弱现金股利的治理作用；只有在适度分红的情况下，现金股利才能有效地减少大股东的代理问题。

最后，采取有效措施鼓励大股东积极参与定向增发认购。在定向增发中大股东参与认购能够表明大股东对定向增发前景持乐观态度，同时也增加了大股东侵占行为的成本，促使大股东与中小股东以及上市公司的利益更加趋于一致。比如，可以通过适当增加定向增发的折价率，减少大股东在定向增发中认购股份的锁定期,来提高大股东参与上市公司定向增发的积极性;还可以鼓励大股东通过定向增发将体外资产整体上市,增加大股东与上市公司的利益协同程度,从而减少关联交易带来的侵占和倒贴行为。

(2) 中小投资者需善于识别资本市场所传递的信号,主动形成合力,积极参与公司治理,监督大股东的侵占行为。

一方面,中小投资者需积极主动地参与定向增发企业的经营监督,尤其需要加强对定向增发后募集资金的使用情况的监督。由于目前我国资本市场中仍以中小投资者为主,且中小投资者数量众多、股权过于分散,无法对大股东的利益输送行为形成有效的监督;同时代表广大中小投资者利益的独立董事制度往往并不"独立",因此独立董事制度在公司内部治理中所起的作用也较为有限。据此,中小投资者应当建立自治组织,在场外推举具备专业知识的投资者代表,以加强对上市公司的监督。此外,中小投资者也应当鼓励和支持新闻媒体对企业的监督作用,从而获取有效信息,防止自身利益被侵害。

另一方面,中小投资者也要善于识别定向增发中大股东行为背后的信号。一般而言,大股东参与定向增发认购表明大股东与企业以及中小投资者的利益协同程度增加,能够有效减少大股东侵占行为。企业在定向增发后现金股利的变动也会传递一种信号,当企业在定向增发后现金股利减少,可能意味着企业内部现金流匮乏,这背后往往表明定向增发中募集资金的使用未达到预期目的,预示着定向增发后企业业绩会下滑;而企业在定向增发后现金股利若保持稳定或有所增加,则预示着定向增发后企业业绩改善。这种识别信号的能力,能够有效帮助中小投资者识别定向增发中存在的风险。此外,中小投资者还需学会用理性的投资者决策来回应上市公司过度分红、微分红或不分红的行为,提高辨别公司真实分红动机的能力。

(3) 监管部门需加强对定向增发全过程尤其是募资资金使用情况的监管,坚定不移地贯彻和完善分红管制政策。

我国资本市场监管部门应由过去注重事前监管,转变为更加注重对定向增发的事后监管。一般而言,上市公司进行定向增发是为了促进公司的发展,扩大规模,改善公司资产质量和业绩,从而更好地回报投资者。而从本书研究结果来看,定向增发后一些上市公司的业绩不仅没有改善,反而更加恶化了。因此,我国资本市场监管部门有必要重新审视过去以定向增发资格审核为主的事前监管方式,加强对定向增发的事后监管。一般来说,一些大股东在定向增发前实施的操纵行为,目的往往是获取定向增发资格,从而在定向增发后对募集资金实施侵占行为。因此,我国资本市场监管部门需要特别强化对企业募集资金的使用情况、募资项目的进度情况和关联交易等方面的监管，督促上市公司强化信息披露的及时性和真实性，同时加大对大股东违法违规行为的惩戒力度，如可以通过多次问询的方式来改善大小股东之间的信息不对称问题，从而有效避免大股东通过关联交易、资金占用等行为损害上市公司和中小投资者的利益。

监管部门还应该进一步贯彻和完善分红管制政策，引导和鼓励上市公司积极通过现金股利来回报投资者。一方面，现金股利的发放能够对上市公司产生持续的高压倒逼效应，既能显著改善上市公司因过度募资而导致的资金闲置问题，也能对上市公司产生持续的分红压力，倒逼大股东减少侵占行为，从而有效地提升公司业绩。当然，监管部门也需要加强对上市公司"铁公鸡"、微股利和过度分红等股利行为的问询力度，防止上市公司出现异常股利行为，避免现金股利对上市公司产生不良的负面影响，从而保障现金股利在企业的代理冲突中充分发挥治理作用。另一方面，本书研究发现，过去将再融资与配股和公开增发资格挂钩的半强制分红政策并不能对上市公司现金股利产生有效的影响。这主要是因为半强制分红政策只对配股和公开增发的再融资行为有明确的约束，而对定向增发企业无明确规定，上市公司完全可以通过定向增发的方式，成功绕过半强制分红政策的约束而实施再融资行为。此外，强制分红政策虽然对全体上市公司提出了分红的要求，但是对于定向增发企业现金股利水平的影响仍然较弱。正是因为对于定向增发的股权再融资行为缺少财务和现金分红方面的相关约束，所以我国资本市场出现了"重融资、轻回报"的现象。因此，监管部门需进一步修订和完善分红管制政策，有必要针对定向增发行为出台现金股利和财务业绩等方面的约束政策，从而引导上市公司在定向增发后积极改善业绩并通过现金股利回报投资者。这样一方面有助于产生分红压力，提高企业在定向增发中募集资金的使用效率；另一方面有助于改变股权再融资行为在投资者心中长期存在的"圈钱"的不良形象，推动我国资本市场健康稳定发展，更好地服务实体经济。

第三节　研究展望

本书对定向增发中存在的"SEO 业绩之谜"进行了深入的验证，并将现金股利和大股东资金占用嵌入定向增发的"SEO 业绩之谜"，实证检验了定向增发、现金股利、大股东资金占用与企业业绩之间的关系。最后，鉴于现金股利在定向增发中的治理作用以及从减少我国资本市场"重融资、轻回报"问题出发，还从外部治理的视角，对一系列股利管制政策对定向增发企业现金股利的影响进行了分析，使研究过程更完整。但限于研究篇幅，本书仍在一些有意义的方面未能悉数探究，在未来的研究中，可从以下几个方面对本书的研究内容进行补充和完善：

首先，实践中除资金占用以外，大股东还可能通过其他"掏空"方式导致定向增发后业绩下滑，以及在这些方面现金股利是否仍然具备治理效应，还有待于进一步研究。

其次，基于资本市场服务实体经济的视角，以及考虑到公司市场业绩本质上仍然以反映长期会计业绩为主，本书主要考察了定向增发与公司会计业绩之间的关系，以及现金股利和大股东资金占用在两者关系中的角色，而未考虑市场业绩方面。

最后，由于定向增发并不是完全外生事件，因此本书回归可能存在内生性问题。一方面，控制变量的选择对于缓解这种内生性问题至关重要，本书在回归中尽量多地增加了控制变量，以期能更好地缓解这种内生性问题。另一方面，本书进一步采用倾向得分匹配方法来解决这种内生性问题。此外，还在部分回归中采用滞后项等方法进一步来缓解内生性问题。当然我们无法完全消除内生性问题，如何更好地消除内生性问题将是我们下一步完善的方向。

参考文献

[1] Adhikary B K, Kutsuna K, Xu J. Corporate Reputation, Shareholders' Gains, and Market Discounts: Evidence from the Private Equity Placement in China [J]. Journal of Chinese Governance, 2020 (5): 273-296.

[2] Aharony J, Lin C J, Loeb M P. Initial Public Offerings, Accounting Choices and Earnings Management [J]. Contemporary Accounting Research, 1993, 10 (1): 61-81.

[3] Allen F, Qian J, Qian M. Law, Finance, and Economic Growth in China [J]. Journal of Financial Economics, 2005, 77 (1): 57-116.

[4] Anderson H, Rose L, Cahan S. Differential Shareholder Wealth and Volume Effects Surrounding Private Equity Placements in New Zealand [J]. Pacific-Basin Finance Journal, 2006, 14 (4): 367-394.

[5] Andrikopoulos P. Seasoned Equity Offerings, Operating Performance and Overconfidence: Evidence from the UK [J]. Journal of Economics and Business, 2009, 61 (3): 189-215.

[6] Anthony J, Ramesh K. Association between Accounting Performance Measures and Stock Prices: A Test of the Life Cycle Hypothesis [J]. Journal of Accounting and Economics, 1992, 15 (2-3): 203-227.

[7] Asquith P, Mullins D W. Equity Issues and Offering Dilution [J]. Journal of Financial Economics, 1986, 15 (1-2): 61-89.

[8] Baek J S, Kang J K, Lee I. Business Groups and Tunneling: Evidence from Private Securities Offerings by Korean Chaebols [J]. Journal of Finance, 2006, 61 (5): 2415-2449.

[9] Baker M, Mendel B, Wurgler J. Dividends as Reference Points: A Behavioral Signaling Approach [J]. The Review of Financial Studies,

2016, 29 (3): 697−738.

[10] Baker M, Wurgler J. The Equity Share in New Issues and Aggregate Stock Returns [J]. The Journal of Finance, 2000, 55 (5): 2219−2257.

[11] Baker M, Wurgler J. Market Timing and Capital Structure [J]. Journal of Finance, 2002, 57 (1): 1−32.

[12] Barclay M J, Clifford G H. Private Benefits from Control of Public Corporations [J]. Journal of Financial Economics, 1989, 25 (2): 371−395.

[13] Barclay M J, Holderness C G, Sheehan D P. Private Placements and Managerial Entrenchment [J]. Journal of Corporate Finance, 2007, 13 (4): 461−484.

[14] Baron R M, Kenny D A. The Moderator−mediator Variable Distinction in Social Psychological Research: Conceptual, Strategic, and Statistical Considerations [J]. Journal of Personality and Social Psychology, 1986, 51 (6): 1173−1182.

[15] Bayless M, Jay N R. An Examination of the Performance of SEOs Using a Comparison Period Approach [J]. Journal of Economics and Business, 2001, 53 (4): 359−386.

[16] Bennedsen M, Wolfenzon D. The Balance of Power in Closely Held Corporations [J]. Journal of Financial Economics, 2000, 58 (1−2): 113−139.

[17] Berle A, Means G. The Modern Corporation and Private Property [M]. New York: Macmillan, 1932.

[18] Bertrand M, Mehta P, Mullainathan S. Ferreting Out Tunneling: An Application to Indian Business Groups [J]. Quarterly Journal of Economics, 2002, 117 (1): 21−48.

[19] Bhattacharya S. Imperfect Information, Dividend Policy, and the "Bird in the Hand" Fallacy [J]. Bell Journal of Economics, 1979, 10 (10): 259−270.

[20] Brennan M J, Thakor A V. Shareholder Preferences and Dividend Policy [J]. The Journal of Finance, 1990, 45 (4): 993−1018.

[21] Brook R M, Patel A. Information Conveyed by Seasoned Security

Offerings: Evidence from Components of the Bid－ask Spread [J]. Review of Financial Economics, 2000, 9 (2): 83－99.

[22] Chen S S, Ho K W, Lee C F, et al. Wealth Effects of Private Equity Placements: Evidence from Singapore [J]. The Financial Review, 2002 (37): 165－184.

[23] Chen A S, Cheng L Y, Cheng K F, et al. Earnings Management, Market Discounts and the Performance of Private Equity Placements [J]. Journal of Banking and Finance, 2010, 34 (8): 1922－1932.

[24] Chen D, Jian M, Xu M. Dividends for Tunneling in a Regulated Economy: The Case of China [J]. Pacific Basin Finance Journal, 2009, 17 (2): 209－223.

[25] Cheng L Y, Wang M C, Chen K C. Institutional Investment Horizons and the Stock Performance of Private Equity Placements: Evidence from the Taiwanese Listed Firms [J]. International Journal of Productivity and Quality Management, 2014, 17 (2): 1－30.

[26] Chou D W, Gombola M, Liu F Y. Long－run Underperformance Following Private Equity Placements: The Role of Growth Opportunities [J]. The Quarterly Review of Economics and Finance, 2009, 49 (3): 1113－1128.

[27] Chou D W, Gombola M, Liu F Y. Earnings Management and Long－run Stock Performance Following Private Equity Placements [J]. Review of Quantitative Finance & Accounting, 2010, 34 (2): 225－245.

[28] Chen K, Cheng L, Wu T, et al. Stock Performance and Insider Trading in Completed and Canceled Private Placements [J]. Asia Pacific Journal of Financial Studies, 2019, 48: 123－146.

[29] Claessens S, Djankov S, Lang L H P. The Separation of Ownership Around in the World [J]. Journal of Finance, 1999, 54 (2): 471－517.

[30] Claessens S, Djankow S, Fan J, et al. Disentangling the Incentive and Entrenchment Effects of Large Shareholdings [J]. Journal of Finance, 2002, 57 (6): 2741－2771.

[31] Clifford G H. Equity Issuances and Agency Costs: The Telling Story of Shareholder Approval around the World [J]. Journal of Financial

Economics, 2018, 129 (3): 415—439.

[32] Cohen D A, Zarowin P. Accrual-Based and Real Earnings Management Activities around Seasoned Equity Offering [J]. Journal of Accounting and Economics, 2010, 50 (1): 2—19.

[33] Cronqvist H, Nilsson M. The Choice between Rights Offerings and Private Equity Placements [J]. Journal of Financial Economics, 2005, 78 (2): 375—407.

[34] Daniel K, Hirshleifer D, Subrahmanyam A. Investor Psychology and Security Market Over and Underreactions [J]. Journal of Finance, 1998, 53: 1839—1885.

[35] David B, Borja L, Francisco M. The Internal Capital Markets of Business Groups: Evidence from Intra-group Loans [J]. Journal of Financial Economics, 2014, 112 (2): 190—212.

[36] Deng L, Li S, Wu W. Market Discounts and Announcement Effects of Private Placements: Evidence from China [J]. Applied Economics Letters, 2011, 18 (13—15): 1411—1414.

[37] Denis D K, McConnell J J. International Corporate Governance [J]. Journal of Financial and Quantitative Analysis, 2003, 38 (1): 1—36.

[38] Dickinson V. Cash Flow Patterns as a Proxy for Firm Life Cycle [J]. The Accounting Review, 2011, 86 (6): 1969—1994.

[39] Dyck A, Zingales C. Private Benefits of Control: an International Comparison [J]. Journal of Finance, 2004, 59 (2): 537—600.

[40] Easterbrook F H. Two Agency-Cost Explanations of Dividends [J]. American Economic Review, 1984, 74 (4): 650—659.

[41] Eckbo B E, Norli O. Liquidity Risk, Leverage, and Long-run IPO Returns [J]. Journal of Corporate Finance, 2005, 11 (1): 1—35.

[42] Elton E J, Gruber M J. Marginal Stockholder Tax Rates and the Clientele Effect [J]. Review of Economics and Statistics, 1970, 52 (1): 68—74.

[43] Faccio M, Lang L, Young L. Dividends and Expropriation [J]. American Economic Review, 2001, 91 (6): 54—78.

[44] Faccio M, Lang L. The Ultimate Ownership of Western European Corporations [J]. Journal of Financial Economics, 2002, 65 (3): 365—

395.

[45] Fama E F, French K R. The Capital Asset Pricing Model Theory and Evidence [J]. Journal of Economic Perspectives, 2004, 18 (3): 25-46.

[46] Fan J, Wong T J. Corporate Ownership Structure and the Informativeness of Accounting Earnings in East Asia [J]. Journal of Accounting and Economics, 2002, 33 (3): 401-425.

[47] Farrar D E, Selwyn L L. Taxes, Corporate Financial Policy, and Return to Investors [J]. National Tax Journal, 1967, 20 (4): 444-454.

[48] Folta T B, Janney J J. Strategic Benefits to Firms Issuing Private Equity Placements [J]. Strategic Management Journal, 2004, 25 (3): 223-242.

[49] Friday H S, Howton S D, Howton S W. Anomalous Evidence on Operating Performance Following Seasoned Equity Offerings: The Case of Reits [J]. Financial Management, 2000, 29 (2): 76-87.

[50] Fu F. Overinvestment and the Operating Performance of SEO Firms [J]. Financial Management, 2010, 39 (1): 249-272.

[51] Gajewski J, Ginglinger E. Seasoned Equity Issues in a Closely Held Market: Evidence from France [J]. European Finance Review, 2002, 6 (3): 291-319.

[52] Goh J, Gombola M J, Lee H W, et al. Private Placement of Common Equity and Earnings Expectations [J]. Financial Review, 1999, 34 (3): 19-32.

[53] Gomes A. Going Public Without Governance: Managerial Reputation Effects [J]. The Journal of Finance, 2000, 55 (2): 615-646.

[54] Gopalan R, Jayaraman S. Private Control Benefits and Earnings Management: Evidence from Insider Controlled Firms [J]. Journal of Accounting Research, 2012, 50 (1): 117-157.

[55] Gordon M J. The Savings, Investment and Valuation of a Corporation [J]. Review of Economics and Statistics, 1962, 44 (1): 37-51.

[56] Gordon M J. Dividends, Earnings, and Stock Prices [J]. The Review of Economics and Statistics, 1959, 41 (2): 99-105.

[57] Grossman S J, Hart O D. One Share-One Vote and the Market for Corporate Control [J]. Journal of Financial Economics, 1988, 20 (1-2): 175-202.

[58] Grossman S J, Hart O D. Takeover Bids, the Free-rider Problem, and the Theory of the Corporation [J]. Bell Journal of Economics, 1980, 11 (1): 42-64.

[59] Gul F A. Growth Opportunities, Capital Structure and Dividend Policies in Japan [J]. Journal of Corporate Finances, 1999, 5 (2): 141-168.

[60] Hamish D A, Lawrence C R, Steven F C. Differential Shareholder Wealth and Volume Effects Surrounding Private Equity Placements in New Zealand [J]. Pacific-Basin Finance Journal, 2006, 14 (4): 367-394.

[61] Han J, Pan Z, Zhang G, et al. Divergence of Opinion and Long-run Performance of Private Placements: Evidence from the Auction Market [J]. Journal of Financial Research, 2019, 42 (2): 271-302.

[62] Hansen R S, Crutchley C. Corporate Earnings and Financings: An Empircal Analysis [J]. Journal of Business, 1990, 63 (3): 347-371.

[63] Healy P M, Palepu K G. Earnings and Risk Changes Surrounding Primary Stock Offers [J]. Journal of Accounting Research, 1990, 28 (1): 25-48.

[64] He L M, Cai N. Empirical Study on the Performance of Long-run Stocks Following Private Equity Placements in Chinese Listed Companies [J]. Journal of Beijing Technology and Business University, 2009 (6): 3-28.

[65] He Q, Li D, Lu L, et al. Institutional Ownership and Private Equity Placements: Evidence from Chinese Listed Firms [J]. International Review of Finance, 2019, 19 (2): 315-346.

[66] Henderson B J, Jegadeesh N, Weisbach M S. World Markets for Raising New Capital [J]. Journal of Financial Economics, 2006, 82 (1): 63-101.

[67] Hermalin B E, Weisbach M S. Endogenously Chosen Boards of Directors and Their Monitoring of the CEO [J]. The American Economic Review, 1998, 88 (1): 96-118.

[68] Hermalin B E, Weisbach M S. Board of Directors as an Endogenously Determined Institution: A Survey of the Economic Literature [R]. Working paper, University of California at Berkeley, 2001.

[69] Hertzel M, Lemmon M, Linck J, et al. Long-run Performance Following Private Placements of Equity [J]. Journal of Finance, 2002, 57 (6): 2595—2617.

[70] Hertzel M, Smith R. Market Discounts and Shareholder Gains for Placing Equity Privately [J]. Journal of Finance, 1993, 48 (2): 459—485.

[71] Ho K Y. Long-horizon Abnormal Performance Following Rights Issues and Placings: Additional Evidence from the UK Market [J]. Review of Financial Economics, 2005, 14 (1): 25—45.

[72] Holderness C G. A Survey of Block Holders and Corporate Control [J]. Economic Policy Review, 2003, 9 (1): 51—63.

[73] Jegadeesh N. Long-term Performance of Seasoned Equity Offerings: Enchmark Errors and Biases in Expectations [J]. Financial Management, 2000, 29 (5): 5—30.

[74] Jensen G R, Lundstrum L L, Miller R E. What do Dividend Reductions Signal? [J]. Journal of Corporate Finance, 2010, 16 (5): 736—747.

[75] Jensen M, Meckling W. Theory of the Firm: Managerial Behavior, Agency Costs, and Ownership Structure [J]. Journal of Financial Economics, 1976, 3 (4): 305—360.

[76] Jensen M. Agency Costs of Free Cash Flow, Corporate Finance, and Takeovers [J]. American Economic Review, 1986, 76 (2): 323—329.

[77] Jiang G, Lee C M C, Yue H. Tunneling through Intercorporate Loans: the China Experience [J]. Journal of Financial Economics, 2010, 98 (1): 1—20.

[78] Jia G, Li W, Zhang H. Impact of Entrenched Ultimate Owners' Self-dealing on SEO Methods Choice and Discounts of Private Placements—Evidence from Listed Companies in China [J]. Emerging Markets Review, 2019, 38: 404—422.

[79] Johnson S, La Porta R, Lopez-de-Silanes F. Tunneling [J]. American Economic Research, 2000, 90: 22—27.

[80] Kahle K M. Insider Trading and The Long-run Performance of New Security Issues [J]. Journal of Corporate Finance, 2000, 6 (1): 25—53.

[81] KaLay A, Shimrat A. Firm Value and Seasoned Equity Issues: Price

Pressure, Wealth Redistribution, or Negative Information [J]. Journal of Economics & Business, 1987, 19 (1): 109-126.

[82] Kalcheva I, Lins K V. International Evidence on Cash Holdings and Expected Managerial Agency Problems [J]. The Review of Financial Studies, 2007, 20 (4): 1087-1112.

[83] Kato K, Schallheim J S. Private Equity Financings in Japan and Corporate Grouping (Keiretsu) [J]. Pacific-Basin Finance Journal, 1993, 1 (3): 287-307.

[84] Klaus G, Yurtoglu B. Corporate Governance and Dividend Pay-out Policy in Germany [J]. European Economic Review, 2003, 47 (4): 731-758.

[85] Korajczyk R A, Deborah J L, Robert L M. The Effects of Information Releases on the Pricing and Timing of Equity Issues [J]. Review of Financial Studies, 1991, 4 (4): 685-708.

[86] La Porta R, Lopez-de-Silanes F, Shleifer A, et al. Law and Finance [J]. Journal of Political Economy, 1998, 106: 1113-1150.

[87] La Porta R, Lopez-de-Silanes F, Shleifer A. Corporate Ownership Around the World [J]. Journal of Finance, 1999, 54 (2): 471-517.

[88] Lang L H P, Litzenberger R H. Dividend Announcements: Cash Flow Signalling vs Free Cash Flow Hypothesis? [J]. Journal of Financial Economics, 1989, 24 (1): 181-191.

[89] Lee C J, Xiao X. Cash Dividends and Large Shareholder Expropriation in China [R]. Working Paper, Tsinghua University, 2002.

[90] Lee I. Do Firms Knowingly Sell Overvalued Equity [J]. Journal of Finance, 1997, 52 (4): 1439-1466.

[91] Lel U, Miller D P. Does Takeover Activity Cause Managerial Discipline? Evidence from International M & A Laws [J]. The Review of Financial Studies, 2015, 28 (6): 1588-1622.

[92] Leland, Hayne E. Informational Asymmetries, Financial Structure, And Financial Intermediation [J]. Journal of Finance, 1977, 32 (2): 371-387.

[93] Lintner J. Distribution of Incomes of Corporations among Dividends, Retained Earnings, and Taxes [J]. American Economic Review, 1956,

46 (2): 97−113.

[94] Loughran T, Ritter J R. The Operating Performance of Firms Conducting Seasoned Equity Offerings [J]. The Journal of Finance, 1997, 52 (5): 1823−1850.

[95] Loughran T, Rittor J R. The New Issues Puzzle [J]. Journal of Finance, 1995, 50 (1): 23−51.

[96] Marciukaityte D, Szewczyk S H, Varma R. Investor Over Optimism and Private Equity Placements [J]. Journal of Financial Research, 2010, 28 (4): 591−608.

[97] Martins T C, Novaes W. Mandatory Dividend Rules: Do They Make it Harder for Firms to Invest? [J]. Journal of Corporate Finance, 2012, 18 (4): 953−967.

[98] Masulis R W, Korwa A N. Seasoned Equity Offerings: An Empirical Investigation [J]. Journal of Financial Economics, 1986, 15 (1−2): 91−118.

[99] McLaughlin R, Safieddine A, Vasudevan G K. The Information Content of Corporate Offerings of Seasoned Securities: An Empirical Analysis [J]. Financial Management, 1998, 27 (2): 31−45.

[100] Miller M H, Modigliani F. Dividend Policy, Growth, and the Valuation of Shares [J]. Journal of Business, 1961, 34 (4): 411−433.

[101] Molin J. Shareholder Gains from Equity Private Placements: Evidence from the Stockholm Stock Exchange [R]. Stockholm, Stockholm School of Economics, 1996.

[102] Morck R, Shlerfer A, Vishny R. Management Ownership and Market Valuation: An Empirical Analysis [J]. Journal of Financial Economics, 1988, 20 (1−2): 293−315.

[103] Morck R, Yeung B, Wu W. The Information Content of Stock Markets: Why Do Emerging Markets Have Synchronous Stock Price Movements [J]. Journal of Financial Economics, 2000, 58 (1): 215−260.

[104] Myers S C, Majluf N J. Corporate Financing and Investment Decisions When Firms Have Information that Investors Do Not Have [J]. Journal of Financial Economics, 1984, 13: 187−221.

[105] Myers S C, Rajan R G. The Paradox of Liquidity [J]. Quarterly Journal of Economics, 1998, 113 (3): 733−771.

[106] Nissim D, Ziv A. Dividend Changes and Future Profitability [J]. Journal of Finance, 2001, 56 (6): 2111−2133.

[107] Nordin N, Manab N A, Zainudddin Z. The Announcement Effect of Equity Private Placement: Evidence from Malaysia [J]. International Journal of Economic Research, 2017, 14 (16): 65−76.

[108] Jeanneret P. Use of the Proceeds and Long − term Performance of French SEO Firms [J]. European Financial Management, 2009, 11 (1): 99−122.

[109] Pinkowitz L, Stulz R, Williamson R. Do Firms in Countries with Poor Protection of Investor Rights Hold More Cash? [R]. Working Paper, Georgetown University, 2003.

[110] Pinkowitz L, Stulz R, Williamson R. Does the Contribution of Corporate Cash Holdings and Dividends to Firm Value Depend on Governance? A Cross−country Analysis [J]. The Journal of Finance, 2006, 61 (6): 2725−2751.

[111] Polk C, Sapienza P. The Real Effects of Investor Sentiment [R]. Working Paper, Nothwestern University, 2002.

[112] Polk C, Sapienza P. The Stock Market and Corporate Investment: A Test of Catering Theory [J]. Review of Financial Studies, 2009, 22 (1): 187−217.

[113] Raheja C. Determinants of Board Size and Composition: A Theory of Corporate Boards [J]. Journal of Financial & Quantitative Analysis, 2005, 40 (2): 283−306.

[114] Rangan S. Earnings Management and the Performance of Seasoned Equity Offerings [J]. Journal of Financial Economics, 1998, 50 (1): 101−122.

[115] Ross S. The Economic Theory of Agency: The Principal's Problem [J]. American Economic Review, 1973, 63 (2): 134−139.

[116] Rothschild M, Stiglitz J. Equilibrium in Competitive Iurance Markets: An Essay on the Economics of Imperfect Information [J]. The Quarterly Journal of Economics, 1976, 90 (4): 629−649.

[117] Rozeff M S. Growth, Beta, and Agency Costs as Determinants of Dividend Payout Ratios [J]. The Journal of Financial Research, 1982, 5 (3): 249-259.

[118] Ruan Y, Song X, Zheng K, et al. Do Large Shareholders Collude with Institutional Investors? Based on the Data of the Private Placement of Listed Companies [J]. Physica A - statistical Mechanics and Its Applications, 2018, 508: 242-253.

[119] Servaes H. The Value of Diversification during the Conglomerate Merger Wave [J]. Journal of Finance, 1996, 51 (4): 1201-1225.

[120] Shleifer A, Vishny R. Large Shareholders and Corporate Control [J]. Journal of Political Economy, 1986, 94 (3): 461-488.

[121] Shleifer A, Vishny R. A Survey of Corporate Governance [J]. Journal of Finance, 1997, 52 (2): 737-783.

[122] Shu P, Chiang S. Firm Size, Timing, and Earnings Management of Seasoned Equity Offerings [J]. International Review of Economics and Finance, 2014, 29 (1): 177-194.

[123] Slovin M B, Sushka M E, Lai K W L. Alternative Flotation Methods, Adverse Selection, and Ownership Structure: Evidence from Seasoned Equity Issuance in the UK [J]. Journal of Financial Economics, 2000, 57 (2): 157-190.

[124] Smith C W, Watts R L. The Investment Opportunity Set and Corporate financing, Dividends, and Compensation Policies [J]. Journal of Financial Economics, 1992, 32 (3): 263-292.

[125] Spiess D K, Affleck-Graves J. Underperformance in Long-run Stock Returns Following Seasoned Equity Offerings [J]. Journal of Financial Economics, 1995, 38 (3): 243-267.

[126] Stein J C. Rational Capital Budgeting in an Irrational World [J]. Journal of Bussiness, 1996, 69 (4): 429-455.

[127] Tao Q, Liu M, Feng Q, et al. How Do Institutional Investors Affect Corporate Performance? Evidence from Private Placements in China [J]. Emerging Markets Finance and Trade, 2018, 54 (15): 3454-3469.

[128] Teoh S H, Welch I, Wong T J. Earnings Management and the

Underperformance of Seasoned Equity Offerings [J]. Journal of Financial Economics, 1998, 50 (1): 63-99.

[129] Wang K, Xiao X. Controlling Shareholders' Tunneling and Executive Compensation: Evidence from China [J]. Journal of Accounting and Public Policy, 2011, 30 (1): 89-100.

[130] Wang S S, Xu M C. Price Discount of Private Equity Placement and Interests Transferring Subscribed by Larger Shareholders in China [J]. WSEAS Transactions on Systems, 2014, 13: 144-153.

[131] Wruck K H. Equity Ownership Concentration and Firm Value: Evidence from Private Equity Financings [J]. Journal of Financial Economics, 1989, 23 (1): 3-28.

[132] Wruck, Karen H, Wu Y L. Closeness Counts: The Role of Relationships in Private Placement of Equity [R]. Working paper, Ohio State University, 2007.

[133] Wurgler J. Financial Markets and the Allocation of Capital [J]. Journal of Financial Economics, 2000, 58 (1): 187-214.

[134] Xu M, Wang S. Price Discount of Private Equity Placement and Wealth Effects Comparison between Controlling Shareholders and Institution Investors [J]. Journal of Computational Physics, 2013, 241 (5): 292-307.

[135] Yeh Y H, Shu P G, Kao M S. Corporate Governance and Private Equity Placements [J]. Review of Pacific Basin Financial Markets & Policies, 2015, 18 (2): 1-31.

[136] 安青松, 王啸. "以股抵债"解决"资金占用"问题研究 [J]. 证券市场导报, 2004 (9): 37-42.

[137] 安青松. 中国上市公司分红现状与趋势研究 [J]. 证券市场导报, 2012 (11): 15-19.

[138] 蔡吉甫. 大股东控制与上市公司盈余管理隧道效应研究 [J]. 当代财经, 2008 (11): 77-83.

[139] 曹裕. 产品市场竞争、控股股东倾向和公司现金股利政策 [J]. 中国管理科学, 2014 (3): 141-148.

[140] 陈骏, 徐玉德. 内部控制与企业避税行为 [J]. 审计研究, 2015 (3): 100-107.

[141] 陈少华, 陈爱华. 企业生命周期划分及度量方法评析 [J]. 财会月刊, 2012 (27): 77-78.

[142] 陈翔宇, 万鹏. 代理成本、媒体关注与股价暴跌风险 [J]. 会计与经济研究, 2016 (3): 45-65.

[143] 陈小悦, 肖星, 过晓艳. 配股权与上市公司利润操纵 [J]. 经济研究, 2000 (1): 30-36.

[144] 陈信元, 陈冬华, 时旭. 公司治理与现金股利: 基于佛山照明的案例研究 [J]. 管理世界, 2003 (8): 118-127.

[145] 陈云玲. 半强制分红政策的实施效果研究 [J]. 金融研究, 2014 (8): 162-177.

[146] 陈泽艺, 李常青, 黄忠煌. 股权质押、股权激励与大股东资金占用 [J]. 南方金融, 2018 (3): 23-32.

[147] 崔宸瑜, 陈运森, 郑登津. 定向增发与股利分配动机异化: 基于"高送转"现象的证据 [J]. 会计研究, 2017 (7): 62-68.

[148] 邓剑兰, 顾乃康, 陈辉. 上市公司现金股利受再融资监管政策的驱动吗 [J]. 山西财经大学学报, 2014 (8): 103-113.

[149] 邓路, 王化成, 李思飞. 上市公司定向增发长期市场表现: 过度乐观还是反应不足? [J]. 中国软科学, 2011 (6): 167-177.

[150] 邓鸣茂. 大股东减持时机与定向增发套利行为研究 [J]. 审计与经济研究, 2016 (3): 73-82.

[151] 董竹, 张欣. 现金股利政策差异化、股利分红意愿与分红水平 [J]. 改革, 2019 (11): 102-116.

[152] 杜沔, 王良成. 我国上市公司配股前后业绩变化及其影响因素的实证研究 [J]. 管理世界, 2006 (3): 114-121.

[153] 杜兴强, 郭剑花, 雷宇. 大股东资金占用、外部审计与公司治理 [J]. 经济管理, 2010 (1): 111-117.

[154] 杜勇, 周小敬. 定向增发、资产注入与证券市场反应研究 [J]. 北京工商大学学报 (社会科学版), 2014 (3): 81-88.

[155] 方才, 何青, 马婉婷. 定向增发后的股价长期市场表现: 源于"理性"或"非理性" [J]. 现代财经, 2017 (4): 25-36.

[156] 冯根福. 双重委托代理理论: 上市公司治理的另一种分析框架——兼论进一步完善中国上市公司治理的新思路 [J]. 经济研究, 2004 (12): 16-25.

[157] 高峻. 股权分置改革、控股股东与现金股利——来自中国上市公司的证据 [J]. 武汉金融, 2009 (7): 29-31.

[158] 高雷, 张杰. 公司治理、资金占用与盈余管理 [J]. 金融研究, 2009 (5): 121-140.

[159] 耿建新, 吕跃金, 邹小平. 我国上市公司定向增发的长期业绩实证研究 [J]. 审计与经济研究, 2011 (6): 52-58.

[160] 龚光明, 龙立. 股利支付水平、股利稳定性与企业价值——来自我国A股市场的经验证据 [J]. 财会通讯, 2009 (27): 3-6.

[161] 郭兰英, 纪磊磊, 侯增杰. 定向增发模式下整体上市企业财务绩效分析 [J]. 财会月刊, 2010 (35): 26-28.

[162] 郭丽虹, 刘婷. 强制分红政策、融资约束与投资效率 [J]. 上海财经大学学报, 2019 (1): 95-106.

[163] 郭思永, 刘春江. 市场时机、定向增发与财富转移 [J]. 经济与管理研究, 2013 (2): 27-34.

[164] 郭思永. 缘何大股东会认购定向增发股份? [J]. 证券市场导报, 2013 (4): 55-61.

[165] 韩云. 股利平稳性、代理成本与资本结构——基于随机前沿模型的实证分析 [J]. 经济经纬, 2017 (6): 152-158.

[166] 何丽梅. 我国上市公司定向增发折价研究——基于较完整市场周期的分析 [J]. 经济管理, 2010 (2): 144-151.

[167] 何涛, 陈晓. 现金股利能否提高企业的市场价值——1997—1999年上市公司会计年度报告期间的实证分析 [J]. 金融研究, 2002 (8): 26-38.

[168] 洪格尔朱拉. 外部审计对大股东"掏空"行为影响的实证研究 [D]. 呼和浩特: 内蒙古财经大学, 2018.

[169] 洪金明, 徐玉德, 李亚茹. 信息披露质量、控股股东资金占用与审计师选择——来自深市A股上市公司的经验证据 [J]. 审计研究, 2011 (2): 107-112.

[170] 侯青川, 靳庆鲁, 苏玲, 等. 放松卖空管制与大股东"掏空"[J]. 经济学 (季刊), 2017 (3): 1143-1172.

[171] 胡本刚, 陈其安. 再融资资金投向变更对公司业绩的影响 [J]. 技术经济, 2010 (4): 80-85.

[172] 胡海峰, 张训然. 资产注入、隧道转移与公司价值——基于中国证券市场非公开发行的实证分析 [J]. 北京师范大学学报 (社会科学版), 2012

(6)：97－108.

[173] 胡李鹏，张韵. A 股上市公司公开增发和定向增发的公告效应 [J]. 金融论坛，2016 (4)：66－80.

[174] 胡泽民，刘杰，李刚. 控股股东代理问题、现金股利与企业绩效 [J]. 财会通讯，2018 (27)：60－66.

[175] 黄荷暑，周泽将. 女性高管、信任环境与企业社会责任信息披露——基于自愿披露社会责任报告 A 股上市公司的经验证据 [J]. 审计与经济研究，2015 (4)：30－39.

[176] 姜付秀，蔡欣妮，朱冰. 多个大股东与股价崩盘风险 [J]. 会计研究，2018 (1)：68－74.

[177] 黄明康，胡吉祥. 沪深 A 股上市定向增发公告的股价效应研究 [J]. 上海金融学院学报，2011 (6)：56－66.

[178] 黄少安，张岗. 中国上市公司股权融资偏好分析 [J]. 经济研究，2001 (11)：12－27.

[179] 黄晓薇，居思行，黄喆. 融资目的和融资对象会影响定向增发的表现吗？[J]. 科学决策，2011 (12)：25－40.

[180] 黄晓薇，文燨. 定向增发中的大股东认购、盈余管理与公司长期绩效 [J]. 重庆大学学报（社会科学版），2014 (6)：76－83.

[181] 黄兴孪. 产权性质、定向增发与公司业绩 [J]. 厦门大学学报（哲学社会科学版），2017 (4)：114－124.

[182] 黄叶苨，赵远榕，刘莉亚. 定价基准日选择、市场择时与定向增发中的大股东利益输送 [J]. 经济管理，2017 (8)：177－193.

[183] 季华，魏明海，柳建华. 资产注入、证券市场监管与绩效 [J]. 会计研究，2010 (2)：47－56.

[184] 贾钢，李婉丽. 控股股东整体上市与定向增发的短期财富效应 [J]. 山西财经大学学报，2009 (3)：70－76.

[185] 简冠群，李秉祥. 市值管理动机下大股东参与定向增发与利益输送 [J]. 运筹与管理，2018 (11)：163－175.

[186] 姜国华，岳衡. 大股东占用上市公司资金与上市公司股票回报率关系的研究 [J]. 管理世界，2005 (9)：119－126.

[187] 蒋东生. "高分红"真的是掏空上市公司的手段吗？——基于用友软件的案例分析 [J]. 管理世界，2010 (7)：177－179.

[188] 景舒婷，刘宏，刘太玲. 上市公司配股融资对股价的影响研究 [J]. 财

会通讯，2011 (15)：79-81.

[189] 孔东民，冯曦. 股利政策与公司过度投资行为研究 [J]. 投资研究，2012 (6)：29-44.

[190] 孔东民，刘莎莎，应千伟. 公司行为中的媒体角色：激浊扬清还是推波助澜？[J]. 管理世界，2013 (7)：145-162.

[191] 李彬，杨洋，潘爱玲. 定增折价率与并购溢价率——定增并购中利益输送的证据显著性研究 [J]. 证券市场导报，2015 (8)：15-22.

[192] 李彬，张俊瑞. 产权性质差异、现金股利与公司业绩 [J]. 山西财经大学学报，2013 (4)：95-103.

[193] 李秉祥，简冠群. 控股股东股权质押、投资者情绪与定向增发股价长期表现 [J]. 中央财经大学学报，2017 (11)：75-84.

[194] 李常青，魏志华，吴世农. 半强制分红政策的市场反应研究 [J]. 经济研究，2010 (3)：144-155.

[195] 李春琳，张立达. 非定向增发与上市公司现金股利政策的实证研究 [J]. 财会通讯，2011 (15)：82-85.

[196] 李慧. 半强制分红政策对上市公司现金股利策略的影响研究 [J]. 上海经济研究，2013 (1)：56-63.

[197] 李敬，姜德波. 再融资需求、监管高压和现金股利 [J]. 审计与经济研究，2017 (2)：88-97.

[198] 李君平，徐龙炳. 资本市场错误定价、融资约束与公司融资方式选择 [J]. 金融研究，2015 (12)：113-129.

[199] 李亮，廖林，周后红. 我国上市公司再融资绩效评价研究 [J]. 改革与战略，2008 (4)：74-78.

[200] 李茂良. 股票市场流动性影响上市公司现金股利政策吗——来自中国A股市场的经验证据 [J]. 南开管理评论，2017 (4)：105-113.

[201] 李明，叶勇. 媒体负面报道对控股股东掏空行为影响的实证研究 [J]. 管理评论，2016 (1)：73-82.

[202] 李旎，郑国坚. 市值管理动机下的控股股东股权质押融资与利益侵占 [J]. 会计研究，2015 (5)：42-49.

[203] 李平，李刚. 我国上市公司定向增发的分红偏好：理论分析与实证检验 [J]. 新金融，2014 (11)：51-56.

[204] 李善民，赖桂叶，王彩萍. 股价信息含量与定向增发的长期股东财富效应 [J]. 南方金融，2017 (7)：73-81.

[205] 李文兴,张梦媛. 定向增发背后的利益协同与利益输送——基于北京银行的案例研究[J]. 管理现代化,2012(1):59-61.

[206] 李云鹤,李湛,唐松莲. 企业生命周期、公司治理与公司资本配置效率[J]. 南开管理评论,2011(3):110-121.

[207] 李增福,黄华林,连玉君. 股票定向增发、盈余管理与公司的业绩滑坡——基于应计项目操控与真实活动操控方式下的研究[J]. 数理统计与管理,2012(5):941-950.

[208] 李增泉,孙铮,王志伟. "掏空"与所有权安排——来自我国上市公司大股东资金占用的经验证据[J]. 会计研究,2004(12):3-13.

[209] 梁上坤,陈冬华. 大股东会侵犯管理层利益吗?——来自资金占用与管理层人员变更的经验证据[J]. 金融研究,2015(3):192-206.

[210] 廖理,方芳. 管理层持股、股利政策与上市公司代理成本[J]. 统计研究,2004(12):27-30.

[211] 林斌,林东杰,胡为民,等. 内部控制、产权性质与代理成本——基于2001—2010年A股上市公司的经验证据[C]. 中国会计学会2012年学术年会论文集,2012.

[212] 林润辉,谢宗晓,刘孟佳,等. 大股东资金占用与企业绩效——内部控制的"消化"作用[J]. 经济与管理研究,2015(8):96-106.

[213] 林正静. 中间品贸易自由化与中国制造业企业出口产品质量升级[J]. 国际经贸探索,2019(2):32-53.

[214] 刘超,阮永平,郑凯. 定向增发、契约特征与大股东资金占用[J]. 外国经济与管理,2019(12):1-14.

[215] 刘峰,贺建刚. 股权结构与大股东利益实现方式的选择——中国资本市场利益输送的初步研究[J]. 中国会计评论,2004(1):142-158.

[216] 刘建勇,朱学义,吴江龙. 大股东资产注入:制度背景与动因分析[J]. 经济与管理研究,2011(2):5-11.

[217] 刘孟晖,高友才. 现金股利的异常派现、代理成本与公司价值——来自中国上市公司的经验证据[J]. 南开管理评论,2015(1):152-160.

[218] 刘孟晖,沈中华,余怒涛. 大股东侵占行为及其限制途径研究[J]. 财会通讯(学术版),2008(11):3-5.

[219] 刘少波,戴文慧. 我国上市公司募集资金投向变更研究[J]. 经济研究,2004(5):88-97.

[220] 刘银国,张琛,阮素梅. 现金股利的代理成本控制效应研究——基于半

强制分红的考察 [J]. 审计与经济研究, 2014 (5): 59-68.

[221] 刘忠生. 上市公司股权再融资与业绩变化 [J]. 管理科学, 2009 (3): 27-36.

[222] 卢玉芳. 内部控制质量、现金股利政策对双重代理成本影响分析 [J]. 财会通讯, 2017 (9): 111-115.

[223] 陆正飞, 王鹏. 同业竞争、盈余管理与控股股东利益输送 [J]. 金融研究, 2013 (6): 179-192.

[224] 陆正飞, 魏涛. 配股后业绩下降: 盈余管理后果与真实业绩滑坡 [J]. 会计研究, 2006 (8): 52-59.

[225] 陆正华, 陈佳. 现金股利政策与定向增发公告效应 [J]. 财会月刊, 2015 (26): 115-119.

[226] 罗丹, 唐磊雯, 陈海龙, 等. 大股东控制与股权再融资中隧道行为研究 [J]. 财会通讯, 2012 (21): 65-68.

[227] 罗党论, 唐清泉. 市场环境与控股股东"掏空"行为研究——来自中国上市公司的经验证据 [J]. 会计研究, 2007 (4): 69-74.

[228] 罗国民, 章卫东, 王珏玮. 公司内部治理、审计师监督与定向增发公司的盈余管理——来自我国 A 股市场的经验数据 [J]. 财贸研究, 2018 (11): 99-110.

[229] 罗宏, 黄文华. 国企分红、在职消费与公司业绩 [J]. 管理世界, 2008 (9): 139-148.

[230] 罗琦, 付世豪, 吕纤. 我国上市公司股利信息内涵效应的实证研究 [J]. 财经论丛, 2019 (9): 53-61.

[231] 罗琦, 付世俊. 控股股东市场择时行为研究 [J]. 中国软科学, 2014 (2): 140-149.

[232] 罗琦, 吴哲栋. 控股股东代理问题与公司现金股利 [J]. 管理科学, 2016 (3): 112-122.

[233] 罗琦. 控股股东投融资决策 [M]. 武汉: 武汉大学出版社, 2018.

[234] 吕秀华, 郭绍俊. 独立董事、控股股东超额控制权与公司价值 [J]. 财会通讯, 2014 (3): 45-49.

[235] 连玉君, 彭方平, 苏治. 融资约束与流动性管理行为 [J]. 金融研究, 2010 (10): 158-171.

[236] 吕长江, 许静静. 基于股利变更公告的股利信号效应研究 [J]. 南开管理评论, 2010 (2): 90-96.

[237] 马键，李捷瑜. 股权再融资与长期业绩下滑——来自亚洲新兴市场的证据［J］. 广州大学学报（社会科学版），2014（11）：76-82.

[238] 马鹏飞，董竹. 股利多样化策略下的信号效应研究［J］. 经济经纬，2020（1）：123-131.

[239] 马鹏飞，董竹. 现金股利："利大于弊"还是"弊大于利"——基于内控门槛绩效异质性视角的分析［J］. 山西财经大学学报，2019（2）：93-109.

[240] 倪慧萍，赵珊. 控股股东增持、减持与资金占用——基于2009—2011年中国A股上市公司的研究［J］. 证券市场导报，2013（4）：63-72.

[241] 倪慧萍. 控股股东股份变动与公司盈余管理——基于我国A股上市公司的数据［J］. 南京审计大学学报，2013（6）：87-96.

[242] 倪燕，毛小松. 上市公司定向增发的长期财务绩效实证研究［J］. 财会月刊，2012（29）：22-24.

[243] 聂萍，潘再珍. 问询函监管与大股东"掏空"——来自沪深交易所年报问询的证据［J］. 审计与经济研究，2019（3）：91-103.

[244] 牛晓健，邹亚骏. 中国A股上市公司定向增发对其长期绩效影响的实证研究［J］. 广西财经学院学报，2018（6）：10-21.

[245] 牛彦秀，吉玖男. 上市公司股权再融资的市场时机选择实证研究［J］. 经济与管理研究，2014（4）：108-115.

[246] 彭韶兵，赵根. 定向增发：低价发行的偏好分析［J］. 财贸经济，2009（4）：52-58.

[247] 彭忠波. 上市公司非公开发行证券的对价支付问题探析［J］. 证券市场导报，2007（7）：17-21.

[248] 秦海林，潘丽莎. 强制分红政策、倒逼效应与公司绩效——基于DID模型的实证检验［J］. 现代财经，2019（8）：17-35.

[249] 裘宗舜，饶静. 股权结构、治理环境与利益输送——来自我国上市公司的经验证据［J］. 当代财经，2007（9）：65-69.

[250] 屈冬冬，杨兴全. 制度环境、股权再融资与上市公司过度投资［J］. 中国注册会计师，2013（11）：43-50.

[251] 任青珍. 基于生命周期视角的股利政策与企业价值研究——来自采掘业的数据［J］. 财会通讯，2014（30）：68-71.

[252] 沈艺峰，田静. 我国上市公司资本成本的定量研究［J］. 经济研究，1999（11）：62-68.

[253] 史金艳,郭思岑,李延喜. 现金股利发放与债券市场反应:信号传递还是财富转移 [J]. 预测,2019 (5):75-89.

[254] 宋鑫,阮永平,郑凯. 大股东参与、盈余管理与定向增发价格偏离 [J]. 财贸研究,2017 (10):86-97.

[255] 宋衍蘅. 权益再融资资金使用方式与再融资以后的经营业绩 [J]. 会计研究,2008 (5):23-29.

[256] 覃家琦,邵新建,肖立晟. 交叉上市、增长机会与股利政策——基于政府干预假说的检验 [J]. 金融研究,2016 (11):191-206.

[257] 谭伟荣. 制度环境、政治关联与现金股利政策 [D]. 重庆:重庆大学,2018.

[258] 覃舜宜. 深市公司违规占用资金及对外担保情况分析 [J]. 证券市场导报,2019 (11):69-78.

[259] 唐清泉,罗党论,王莉. 大股东的隧道挖掘与制衡力量——来自中国市场的经验证据 [J]. 中国会计评论,2005 (1):63-86.

[260] 唐清泉,罗党论. 董事会效能、效率的实证分析——以深圳市场为例 [J]. 经济管理,2005 (2):25-31.

[261] 唐清泉,罗党论. 现金股利与控股股东的利益输送行为研究——来自中国上市公司的经验证据 [J]. 财贸研究,2006 (1):92-97.

[262] 唐宗明,蒋位. 中国上市公司大股东侵害度实证分析 [J]. 经济研究,2002 (4):44-50.

[263] 田昆儒,王晓亮. 定向增发、盈余管理与长期股票收益 [J]. 财贸研究,2014 (5):147-156.

[264] 王秉阳. 代理问题、非效率投资与定向增发公司经营业绩——对"SEO业绩之谜"的再讨论 [D]. 大连:东北财经大学,2017.

[265] 王超恩,张瑞君. 内部控制、大股东掏空与股价崩盘风险 [J]. 山西财经大学学报,2015 (10):79-90.

[266] 王浩,刘碧波. 定向增发:大股东支持还是利益输送 [J]. 中国工业经济,2011 (10):119-129.

[267] 王俊秋. 股权结构、隧道挖掘与公司价值的实证研究 [J]. 财会通讯,2006 (8):28-31.

[268] 王凯,武立东,许金花. 专业背景独立董事对上市公司大股东掏空行为的监督功能 [J]. 经济管理,2016 (11):72-91.

[269] 王克敏,刘博. 公开增发业绩门槛与盈余管理 [J]. 管理世界,2012

(8)：30—42.

[270] 王力. 股东为什么积极参与定向增发？——基于大股东减持定向增发限售股的分析［J］. 商业研究，2017（2）：58—64.

[271] 王良成，陈汉文，向锐. 我国上市公司配股业绩下滑之谜：盈余管理还是掏空？［J］. 金融研究，2010（10）：172—186.

[272] 王茂超，干胜道. 我国上市公司增发新股前的盈余管理实证研究［J］. 现代管理科学，2009（11）：78—80.

[273] 王鹏，周黎安. 控股股东的控制权、所有权与公司绩效：基于中国上市公司的证据［J］. 金融研究，2006（2）：88—98.

[274] 王奇，李四海. 公司治理、大股东资金占用与盈余质量［J］. 科学决策，2012（8）：47—71.

[275] 王乔，章卫东. 股权结构、股权再融资行为与绩效［J］. 会计研究，2005（9）：51—56.

[276] 王松华. 中国上市公司大股东占款问题研究［D］. 上海：同济大学，2007.

[277] 王晓亮，王鑫. 定向增发、盈余管理与公司绩效［J］. 财会通讯，2018（18）：30—33.

[278] 王信. 从代理理论看上市公司的派现行为［J］. 金融研究，2002（9）：44—52.

[279] 王秀丽，马文颖. 定向增发与利益输送行为研究——来自中国资本市场的经验证据［J］. 财贸经济，2011（7）：63—69.

[280] 王正位，朱武祥，赵冬青. 发行管制条件下的股权再融资市场时机行为及其对资本结构的影响［J］. 南开管理评论，2007（6）：40—46.

[281] 王志强，张玮婷，林丽芳. 上市公司定向增发中的利益输送行为研究［J］. 南开管理评论，2010（3）：109—116.

[282] 王志强，张玮婷. 上市公司财务灵活性、再融资期权与股利迎合策略研究［J］. 管理世界，2012（7）：151—163.

[283] 魏成龙，许萌，郑志，等. 国有企业整体上市绩效及其影响因素分析［J］. 中国工业经济，2011（10）：151—160.

[284] 魏锋. 外部审计和现金股利的公司治理角色：替代抑或互补［J］. 审计研究，2012（4）：76—82.

[285] 魏立江，纳超洪. 定向增发预案公告市场反应及其影响因素研究——基于深圳证券交易所上市公司数据的分析［J］. 审计与经济研究，2008

（5）：86—90.

[286] 魏志华，李常青，吴育辉，等. 半强制分红政策、再融资动机与经典股利理论——基于股利代理理论与信号理论视角的实证研究 [J]. 会计研究，2017（7）：55—61.

[287] 魏志华，李茂良，李常青. 半强制分红政策与中国上市公司分红行为 [J]. 经济研究，2014（6）：100—114.

[288] 温忠麟，侯杰泰，张雷. 调节效应与中介效应的比较和应用 [J]. 心理学报，2005（2）：268—274.

[289] 温忠麟，张雷，侯杰泰. 有中介的调节变量和有调节的中介变量 [J]. 心理学报，2006（3）：448—452.

[290] 邬国梅. 控制权收益与上市公司过度投资——来自上市公司股权再融资的经验证据 [J]. 当代财经，2008（5）：115—119.

[291] 吴德满. 我国 A 股上市公司定向增发经营绩效实证研究 [D]. 厦门：厦门大学，2009.

[292] 吴红军，吴世农. 股权制衡、大股东掏空与企业价值 [J]. 经济管理，2009（3）：44—52.

[293] 吴辉. 上市公司定向增发的利益输送研究 [J]. 北京工商大学学报（社会科学版），2009（2）：45—51.

[294] 吴梦云，潘磊. 从"中国式分红"到"强制分红"：透视我国上市公司高管薪酬与股东分红的异象 [J]. 现代管理科学，2012（3）：49—51.

[295] 吴文锋，胡戈游，吴冲锋，等. 从长期业绩看设置再发行"门槛"的合理性 [J]. 管理世界，2005（5）：127—134.

[296] 吴璇，田高良，李玥婷. 定向增发窗口期的公司业绩与股票回报——基于 PSM 样本的分析 [J]. 云南财经大学学报，2017（2）：104—117.

[297] 吴育辉，魏志华，吴世农. 时机选择、停牌操控与控股股东掏空——来自中国上市公司定向增发的证据 [J]. 厦门大学学报（哲学社会科学版），2013（1）：46—55.

[298] 吴战篪. 现金股利、公司治理与公司价值——基于客车行业上市公司的案例研究 [J]. 经济与管理研究，2007（6）：52—57.

[299] 武晓玲，翟明磊. 上市公司股权结构对现金股利政策的影响——基于股权分置改革的股权变化数据 [J]. 山西财经大学学报，2013（1）：84—94.

[300] 夏芳. 上市公司握 1744 亿"欠条"大股东欠款达 55 亿 [N]. 证券日

报，2013—04—11（7）.

[301] 肖珉. 现金股利、内部现金流与投资效率 [J]. 金融研究，2010（10）：117—134.

[302] 肖珉. 自由现金流量、利益输送与现金股利 [J]. 经济科学，2005（2）：67—76.

[303] 肖万. 定向增发中的大股东控制权强化及其长期绩效 [J]. 广东社会科学，2012（5）：49—54.

[304] 肖作平，苏忠秦. 现金股利是"掏空"的工具还是掩饰"掏空"的面具？——来自中国上市公司的经验证据 [J]. 管理工程学报，2012（2）：77—84.

[305] 谢德仁，林乐. 上市公司现金股利能力分析——基于上证红利50指数成分股的数据 [J]. 证券市场导报，2013（12）：43—55.

[306] 谢军. 股利政策、第一大股东和公司成长性：自由现金流理论还是掏空理论 [J]. 会计研究，2006（4）：51—57.

[307] 熊剑，陈卓. 大股东营私：定向增发与减持套利——来自中国上市公司的证据 [C]. 中国会计学会2011年学术年会论文集，2011.

[308] 徐寿福，龚仰树. 定向增发与上市公司长期业绩下滑 [J]. 投资研究，2011（10）：98—111.

[309] 徐寿福，徐龙炳. 现金股利政策、代理成本与公司绩效 [J]. 管理科学，2015（1）：96—110.

[310] 徐寿福. 上市公司定向增发公告效应及其影响因素研究 [J]. 证券市场导报，2010（5）：65—72.

[311] 许辉，祝立宏. 低现金股利政策、股东财富与控股股东决策 [J]. 商业经济与管理，2010（6）：72—79.

[312] 许荣，刘洋. 效率促进还是掏空——大股东参与定向增发的效应研究 [J]. 经济理论与经济管理，2012（6）：71—82.

[313] 许肖肖，杨玉凤，王若琳. 定向增发对上市公司经营绩效影响的实证检验 [J]. 财会月刊，2015（23）：112—116.

[314] 严也舟. 外部治理环境、内部治理结构与合谋侵占实证分析 [J]. 管理评论，2012（4）：28—35.

[315] 阎达五，耿建新，刘文鹏. 我国上市公司配股融资行为的实证研究 [J]. 会计研究，2001（9）：21—27.

[316] 阎大颖. 中国上市公司控股股东价值取向对股利政策影响的实证研究

[J]. 南开经济研究, 2004 (6): 94-105.

[317] 阎大颖. 中国上市公司首次股票股利信号传递有效性的实证研究 [J]. 财贸研究, 2005 (4): 53-61.

[318] 颜淑姬. 资产注入——利益输入或利益输出？[J]. 商业经济与管理, 2012 (3): 75-84.

[319] 杨宝, 龚小凤, 宁青青. 股份全流通推进、控股股东与企业现金股利决策 [J]. 经济与管理, 2016 (4): 77-88.

[320] 杨宝, 任茂颖. 中国上市公司"庞氏分红指数"构建研究 [J]. 商业会计, 2017 (17): 52-54.

[321] 杨宝, 袁天荣. 机构投资者介入、代理问题与公司分红 [J]. 山西财经大学学报, 2014 (6): 90-101.

[322] 杨德明, 林斌, 王彦超. 内部控制、审计质量与代理成本 [J]. 财经研究, 2009 (12): 40-49.

[323] 杨汉明, 赵鑫露. 管理层能力、现金股利与绩效反应 [J]. 财经理论与实践, 2019 (3): 74-80.

[324] 杨汉明. 股权集中度、现金股利与企业价值的实证分析 [J]. 财贸经济, 2008 (8): 67-72.

[325] 杨汉明. 寿命周期、股利支付与企业价值 [J]. 管理世界, 2008 (4): 181-182.

[326] 杨七中, 马蓓丽. 权力强度、内部控制与大股东掏空行为抑制 [J]. 山西财经大学学报, 2015 (7): 47-59.

[327] 杨星, 田高良, 司毅, 等. 所有权性质、企业政治关联与定向增发——基于我国上市公司的实证分析 [J]. 南开管理评论, 2016 (1): 134-141.

[328] 杨熠, 沈艺峰. 现金股利: 传递盈利信号还是起监督治理作用 [J]. 中国会计评论, 2004 (1): 61-76.

[329] 姚文韵, 沈永建. 资金占用、股价暴跌风险对信息透明度的影响研究 [J]. 财经理论与实践, 2017 (1): 67-73.

[330] 叶宝娟, 温忠麟. 有中介的调节模型检验方法: 甄别和整合 [J]. 心理学报, 2013 (9): 1050-1058.

[331] 于静, 陈工孟, 孙彬. 股权分置改革改善现金股利掠夺效应的有效性 [J]. 软科学, 2010 (8): 24-29.

[332] 余国杰, 赵钰. 半强制分红政策与再融资企业的盈余管理——来自 PSM

的证据[J]. 南京审计大学学报, 2018 (5)：75-93.

[333] 余明桂, 夏新平, 吴少凡. 公司治理研究新趋势——控股股东与小股东之间的代理问题[J]. 外国经济与管理, 2004 (2)：28-32.

[334] 余琰, 王春飞. 再融资与股利政策挂钩的经济后果和潜在问题[J]. 中国会计评论, 2014 (1)：43-66.

[335] 袁振兴, 杨淑娥. 大股东对不同现金股利政策的偏好与利益侵占[J]. 统计与决策, 2007 (2)：95-97.

[336] 原红旗. 股权再融资之"谜"及其理论解释[J]. 会计研究, 2003 (5)：16-21.

[337] 原红旗. 中国上市公司股利政策分析[J]. 财经研究, 2001 (3)：33-41.

[338] 岳衡. 大股东资金占用与审计师的监督[J]. 中国会计评论, 2006 (1)：59-68.

[339] 臧秀清, 刘静. 上市公司现金股利政策与企业价值关系研究——来自金融类上市公司数据[J]. 财会通讯, 2014 (15)：37-40.

[340] 张博, 扈文秀, 杨熙安. 定向增发对上市公司财务绩效影响的研究[J]. 管理工程学报, 2019 (3)：93-100.

[341] 张彩云, 吕越. 绿色生产规制与企业研发创新——影响及机制研究[J]. 经济管理, 2018 (1)：71-91.

[342] 张丹妮, 周泽将. 股权再融资与企业现金股利[J]. 证券市场导报, 2020 (1)：44-53.

[343] 张功富. 中国上市公司信息不对称状况分析——基于对文献的调查[J]. 会计之友, 2009 (9)：91-93.

[344] 张继袖, 陆宇建. 投资者情绪、股利政策与公司价值研究[J]. 南京审计学院学报, 2012 (2)：29-36.

[345] 张仓. 我国上市公司增发新股后经营绩效的研究[D]. 杭州：浙江大学, 2013.

[346] 张路, 罗婷, 岳衡. 超募资金投向、股权结构与现金股利政策[J]. 金融研究, 2015 (11)：142-158.

[347] 张鸣, 郭思永. 大股东控制下的定向增发和财富转移——来自中国上市公司的经验证据[J]. 会计研究, 2009 (5)：78-86.

[348] 张萍, 俞静. 定向增发、股权结构与经营绩效[J]. 财会月刊, 2015 (27)：35-38.